누가 운명을 부인하는가

철학박사 박주병 편저

누가
운명을
부인하는가

철학박사 박주병 편저

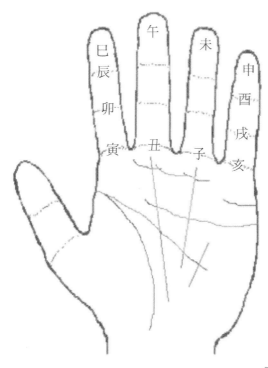

學古房

• 머리말 •

운명이란 것이 과연 있는가? 선철의 견해를 살펴보기로 한다.

맹자는 이런 말을 했다. "하지 아니 하여도 그렇게 되는 것은 하늘이요, 부르지 아니 하여도 닥쳐오는 것은 명이다."(莫之爲而爲者天也 莫之致而 至者命也) 여기서 천명이란 운명을 포함하는 개념일 것이다.

주자는 「증서단숙명서」(贈徐端叔命書)라는 글에서 이렇게 말했다.

대개 천지가 만물을 낳는 이치는 음양오행을 넘어서지 않는다. 그것이 굽혀지고 펴지며 자라고 사그라지는 가운데의 복잡한 변화는 참으로 깊이 캐어 들어갈 수가 없다. 그러나 사물이 부여받은 현명함과 어리석음, 부귀와 빈천의 차이는 단지 어둠과 밝음, 두터움과 엷음의 근소한 차이에 불과하다. 그렇기 때문에 그 이치를 쉽사리 알 수 있지 않겠는가? 서단숙은 유학자로서 이런 이치를 이미 알았다. 그렇기 때문에 그의 연구의식이 매우 치밀하고 논리전개가 대부분 합당한 것은 당연한 일이다. 세상의 학자들이 만약 그에게 무엇을 물어보면, 서단숙의 방법이 옳음을 알고 열심히 노력할 것이다. 또 여기에 그치지 않고, 태어나면서 받은 것이 본래 그 정도였으며, 부귀영화는 탐욕을 갖는다고 해서 찾아오지 않고, 빈천곤궁은 교묘한 재주가 있다고 해서 오지 못하도록 하는 것이 아님을 알 것이다.

다산은 「자찬묘지명」(自撰墓誌銘 集中本)에서 이렇게 말했다.

당초 신유 년(순조 1, 1801) 봄 옥중에 있을 때 하루는 시름에 겨워 있는데 꿈에 한 노부(老父)가 꾸짖기를 "소무(蘇武)는 십구 년을 인내했는데 지금

그대는 십구 일의 고통을 못 참는가?"라고 하였다. 출옥하여 헤아려 보니 옥에 있은 지 십구 일이었고 또 향리로 돌아와서(純祖 18, 戊寅, 1818. 9. 15) 헤아려 보니 경신년(正祖 24, 1800)의 유락으로부터 또 십구 년이었다. 인생의 비태(否泰)에 정명이 없다고 할 수 있겠는가?(人生否泰可曰無定命乎)

다산이 말하는 정명이란 곧 운명이 아닌가?

신은 죽었다고 외친 니체는 가치 척도로서의 신의 자리에 대지(大地)를 앉힌다. 신 대신에 대지에 귀의하고 경청할 것을 가르친다.

니체가 말하는 대지는 자연과 진배없다. "자연으로 돌아가라."하는 루소의 말을 니체도 했다. 니체의 대지며 자연은 저절로 그러한 것이다. 저절로 그러함이란 결국 운명을 뜻한다. 모든 것은 운명이니 운명을 사랑하라고 역설하는 니체의 결정론과 운명에 대한 신앙은 맹자. 주자, 다산 등의 생각과 매우 방불하다. 그러나 믿는 것과 아는 것은 다르다. 맹자도 주자도 다산도 니체도 명리에 관한 이론서를 남기지 않았다.

이 책에서 나는 음양오행의 일반적인 이론을 간결하게 정리하고, 이를 제원으로 하는 명리학의 진수를 천발, 요약코자 애썼다.

세상은 바야흐로 술수가의 춘추전국시대다. 웬 역학자며 사주쟁이며 풍수가 그리도 야단법석을 떠는지 모르겠다. 대학에서 동양철학을 한다는 주제에 시초점을 터부시한다. 풍수는 사주를 업신여기고 사주쟁이는 풍수를 비웃는다. 교쾌한 말이 정론을 어지럽히고 작은 산이 큰 산을 가린다. 전도음양(顚倒陰陽)하고 난기오행(亂其五行)일다.

본디 명리서란 것이 지극히 난해할 뿐만 아니라 전후진퇴지설이기 때문에, 천견박식으로 어찌 족히 온오(蘊奧)를 천발(闡發)하리오. 따라서 난삽한 이론들을 간결하게 체계화시켜 이 분야의 바른 길잡이가 되게 하려는 이 저술의 목적이 어느 정도 이루어졌는지는 오직 독자가 판단할

일인 것 같다.

　어려운 여건 속에서도 이 책의 출판을 흔쾌히 맡아주신 도서출한 學古房의 河雲根 사장님께 심심한 사의를 표하며 필자의 까다로운 요구에 군말 없이 응해주신 편집 제현께도 감사의 말씀을 전한다.

2014년 8월

汝同 朴籌丙 題

8

• 목 차 •

10

제1장

陰陽五行의 普遍原理

一. 天幹〈干〉과 地枝〈支〉

○ 天干의 수는 10개이고 그것들을 순서대로 적으면 다음과 같다.

> 甲 乙 丙 丁 戊 己 庚 辛 壬 癸
> 갑 을 병 정 무 기 경 신 임 계

○ 地支의 수는 12개이고 순서대로 쓰면 다음과 같다.

> 子 丑 寅 卯 辰 巳 午 未 申 酉 戌 亥
> 자 축 인 묘 진 사 오 미 신 유 술 해

〈60 甲子〉

甲子 海中金	乙丑 해중금	丙寅 爐中火	丁卯 로중화	戊辰 大林木	己巳 대림목	庚午 路傍土	辛未 로방토	壬申 劍鋒金	癸酉 검봉금
甲戌 山頭火	乙亥 산두화	丙子 澗下水	丁丑 간하수	戊寅 城頭土	己卯 성두토	庚辰 白蠟金	辛巳 백랍금	壬午 楊柳木	癸未 양류목
甲申 泉中水	乙酉 천중수	丙戌 屋上土	丁亥 옥상토	戊子 霹靂火	己丑 벽력화	庚寅 松栢木	辛卯 송백목	壬辰 長流水	癸巳 장류수
甲午 沙中金	乙未 사중금	丙申 山下火	丁酉 산하화	戊戌 平地木	己亥 평지목	庚子 壁上土	辛丑 벽상토	壬寅 金箔金	癸卯 금박금
甲辰 覆燈火	乙巳 복등화	丙午 天下水	丁未 천하수	戊申 大驛土	己酉 대역토	庚戌 釵釧金	辛亥 차천금	壬子 桑栢木	癸丑 상백목
甲寅 大溪水	乙卯 대계수	丙辰 沙中土	丁巳 사중토	戊午 天上火	己未 천상화	庚申 石榴木	辛酉 석류목	壬戌 大海水	癸亥 대해수

澗:산골물간, 白蠟:백랍벌레의 집, 覆:엎어질복, 덮을 부 釵:비녀 차, 釧:팔지 천

달	1	2	3	4	5	6	7	8	9	10	11	12
地支	寅	卯	辰	巳	午	未	申	酉	戌	亥	子	丑

※ 史記의 曆書에 "夏나라의 정월은 (태음력의) 정월로, 殷나라의 정월은 (태음력의) 12월로, 周나라는 정월을 (태음력의) 11월로 하였다"

二. 天干地支와 陰陽五行의 配合

〈陰陽〉

	天干	地支
陽 +	甲丙戊庚壬	子寅辰午申戌
陰 −	乙丁己辛癸	丑卯巳未酉亥

〈五行〉

	天 干	地 支
木	甲+ 乙-	寅+ 卯- 辰+
火	丙+ 丁-	巳- 午+ 未-
土	戊+ 己-	辰+ 戌+ 丑- 未-
金	庚+ 辛-	申+ 酉- 戌+
水	壬+ 癸-	亥- 子+ 丑-

三. 五行과 四時五方

五行은 四時와 方位에서 각각 주관하는 계절과 방향이 있다.

五 行	季 節	方 位	天 干	地 支
木	春	東	甲乙	寅卯辰
火	夏	南	丙丁	巳午未
金	秋	西	庚辛	申酉戌
水	冬	北	壬癸	亥子丑
土	四季	中央	戊己	辰戌丑未

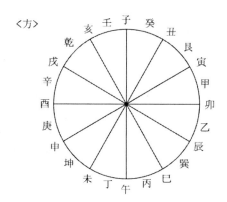
〈方〉

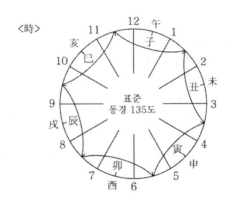

四. 五行의 旺·相·休·囚·死와 12宮

旺 : 왕성한 상태. 득령(得令)------------기(己)

相 : 왕 다음으로 왕성한 상태. 아생(我生)--식상(食傷)

休 : 쉬는 것. 생아(生我)------------인수(印綬)

囚 : 쇠락하여 갇혀 있는 것. 극아(克我)----관살(官殺)

死 : 극재를 당해 생기가 전무한 것. 아극(我克)---재(財)

四時\五行	木	火	水	金	土
春	왕(旺)	상(相)	휴(休)	수(囚)	사(死)
夏	휴(休)	왕(旺)	수(囚)	사(死)	상(相)
秋	사(死)	수(囚)	상(相)	왕(旺)	휴(休)
冬	상(相)	사(死)	왕(旺)	휴(休)	수(囚)
四季	수(囚)	휴(休)	사(死)	상(相)	왕(旺)

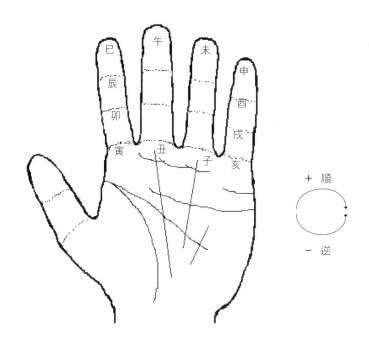

天干 12宮	5 陽干 순행					5 陰干 역행				
	甲	丙	戊	庚	壬	乙	丁	己	辛	癸
絶	申	亥	亥	寅	巳	酉	子	子	卯	午
胎	酉	子	子	卯	午	申	亥	亥	寅	巳
養	戌	丑	丑	辰	未	未	戌	戌	丑	辰
生	亥	寅	寅	巳	申	午	酉	酉	子	卯
浴	子	卯	卯	午	酉	巳	申	申	亥	寅
帶	丑	辰	辰	未	戌	辰	未	未	戌	丑
官	寅	巳	巳	申	亥	卯	午	午	酉	子
旺	卯	午	午	酉	子	寅	巳	巳	申	亥
衰	辰	未	未	戌	丑	丑	辰	辰	未	戌
病	巳	申	申	亥	寅	子	卯	卯	午	酉
死	午	酉	酉	子	卯	亥	寅	寅	巳	申
墓	未	戌	戌	丑	辰	戌	丑	丑	辰	未

※ 絶 : 金寅 水巳 木申 火土亥(+) ⌢
　　　 卯　午　酉　子(-) ⌢

五. 天干 地支의 刑·衝·害·化·合

1. 刑

刑이란 서로 치고 방해하여 불화한 형상을 뜻한다.

- 子卯(相刑)
- 寅巳申(三刑)
- 丑未戌(三刑)

「鬼谷遺文」

君子不刑定不發(군자불형정불발)
군자는 형이 아니면 일어나지 못하고

若居士途多騰達(약거사도다등달)
거사라면 앞길에 벼슬함이 많다.

小人到此必爲災(소인도차필위재)
소인은 여기에 이르면 반드시 재앙이 있고

不然也被官鞭撻(불연야피관편달)
그렇지 않으면 관가에 붙들려 배를 맞는다.

2. 衝

충은 충돌한다는 뜻이다. 충에는 후술하는 바와 같이 好 不好가 있다.

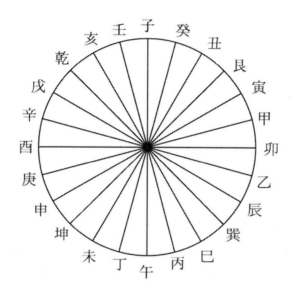

衝			衝		
甲	⟷	庚	子	⟷	午
乙	⟷	辛	丑	⟷	未
壬	⟷	丙	寅	⟷	申
癸	⟷	丁	卯	⟷	酉
			辰	⟷	戌
			巳	⟷	亥

六衝

3. 害

害는 천(穿)이라고도 하는데 서로 손상을 입힌다는 뜻이다.

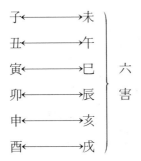

- 六은 육친(六親)이다. 害는 손해이다.
  육친에 손극(損克)함이 있으므로 六害라 한다.……『三命通會』
- 이미 刑이 신뢰할 만하지 못하며 害는 더더욱 견강부회이다. 모두
  생극을 논하는 것으로 主를 삼아야 한다.……任鐵樵

4. 化(五化)

甲己化土(甲 + 己 → 土)
乙庚化金(乙 + 庚 → 金)
丙辛化水(丙 + 辛 → 水)
丁壬化木(丁 + 壬 → 木)
戊癸化火(戊 + 癸 → 火)

+	−	+	−	+	−	+	−	+	−
1	2	3	4	5	6	7	8	9	10
甲	乙	丙	丁	戊	己	庚	辛	壬	癸

5. 合(六合)

① 子丑合土 (子 + 丑 → 土)

② 寅亥合木 (寅 + 亥 → 木)

③ 卯戌合火 (卯 + 戌 → 火)

④ 辰酉合金 (辰 + 酉 → 金)

⑤ 巳申合水 (巳 + 辛 → 水)

⑥ 午未合火 (午 + 未 → 火)

天	地				日	月					
1	2	3	4	5	6	7	8	9	10	11	12
子	丑	寅	卯	辰	巳	午	未	申	酉	戌	亥

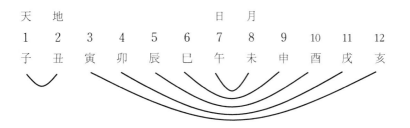

三合
- 申子辰合水(申 + 子 + 辰 → 水)
- 亥卯未合木(亥 + 卯 + 未 → 木)
- 寅午戌合火(寅 + 午 + 戌 → 火)
- 巳酉丑合金(巳 + 酉 + 丑 → 金)

六. 十二生肖와 地支

생년	子	丑	寅	卯	辰	巳	午	未	申	酉	戌	亥
생초	쥐	소	호랑이	토끼	용	뱀	말	양	원숭이	닭	개	돼지

肖는 屬이다. '닮다'라는 뜻

七. 方과 局

	東(木)	南(火)	西(金)	北(水)	中(土)
方	寅 卯 辰	巳 午 未	申 酉 戌	亥 子 丑	辰 戌 丑 未
局(三合)	亥 卯 未	寅 午 戌	巳 酉 丑	申 子 辰	辰 戌 丑 未

제2장

命理入門

一. 四柱八字의 配列

출생 年月日時가 모두 합하여 넷이므로 四柱의 글자 수는 8字가 된다. 그래서 四柱를 八字라고도 하고 四柱八字라고도 한다.

1. 推年法

추년법은 年柱(太歲)를 따지는 방법이다. 命理의 근거는 음력이다. 甲子 쥐띠 해에 태어난 사람의 年柱는 甲子, 乙丑 소띠 해에 태어난 사람의 年柱는 乙丑, 丙寅 범띠 해에 태어난 사람의 年柱는 丙寅┄┄┄ 이런 식으로 정한다. 그렇게 하기 위해서는 萬歲曆(千歲曆)을 펴 보거나 아니면 60甲子의 표를 보거나, 손가락으로 六甲을 짚어 나가든지 하면 된다. 1980년생이면 萬歲曆을 펴 보면 곧 그 해가 庚申年임을 알 수 있고, 萬歲曆이 없으면 60갑자 표를 펴서 올해의 干支에서부터 나이만큼 거꾸로 셈해 보면 알 수 있고, 능숙해지면 그냥 六甲을 짚어 나가면 된다는 말이다.

年柱는 음력의 立春을 경계로 한다. 예를 들면 음력 정월 초 3일에 낳는 사람이 立春이 그 생일 이전에 들었다면 그 해의 干支를 쓰고 만약에

立春이 생일 이후에 들었다면 해로는 바뀌었으나 四柱를 볼 때는 작년 幹枝로 年柱를 삼아야 한다. 따라서 만약 立春이 작년 12월 27일에 이미 들었다면 아직 해가 바뀌기 전이지만 다음 해의 幹枝를 年柱로 해야 하고 만약에 입춘이 생일 이후에 들었다면 되레 작년의 干支로 年柱를 삼아야 한다.

2. 推月法

月柱를 따지는 방법이다. 매달의 地支는 고정되어 있지만 天干은 年柱가 무엇이냐에 따라서 바뀐다. 이를테면 1월은 언제나 地支는 寅이지만 年柱가 甲子이면 丙寅이고 丙子이면 庚申이 된다. 여기에는 가결(歌訣)이 있다.

- 甲己之年丙作首(甲己之年丙寅頭)
  甲年과 己年에는 丙이 머리이고,
- 乙庚之年戊爲頭(乙庚之年戊寅頭)
  乙年과 庚年에는 戊가 머리가 된다.
- 丙辛必定尋庚起(丙辛之年庚寅頭)
  丙年과 辛年은 반드시 庚에서 일으키고,
- 丁壬壬位順行流(丁壬之年壬寅頭)
  丁과 壬의 해는 그대로 壬에서 흘러간다.
- 更有戊癸何方覓(戊癸之年甲寅頭)
  다시 戊와 癸의 해에는 어디에서 찾을꼬,
- 甲寅之上好追求

甲寅 위에서 찾으면 좋겠네.

〈早見表〉

生년 天干 \ 月	1	2	3	4	5	6	7	8	9	10	11	12
甲己	丙寅	丁卯	戊辰	己巳	庚午	辛未	壬申	癸酉	甲戌	乙亥	丙子	丁丑
乙庚	戊寅	己卯	庚辰	辛巳	壬午	癸未	甲申	乙酉	丙戌	丁亥	戊子	己丑
丙辛	庚寅	辛卯	壬辰	癸巳	甲午	乙未	丙申	丁酉	戊戌	己亥	庚子	辛丑
丁壬	壬寅	癸卯	甲辰	乙巳	丙午	丁未	戊申	己酉	庚戌	辛亥	壬子	癸丑
戊癸	甲寅	乙卯	丙辰	丁巳	戊午	己未	庚申	辛酉	壬戌	癸亥	甲子	乙丑

달이 바뀌는 것은 절기를 기준으로 한다. 다음 표와 같다.

〈24節氣〉

月 \ 節	1	2	3	4	5	6	7	8	9	10	11	12
節氣	立春(입춘)	驚蟄(경칩)	淸明(청명)	立夏(입하)	芒種(망종)	小暑(소서)	立秋(입추)	白露(백로)	寒露(한로)	立冬(입동)	大雪(대설)	小寒(소한)
中氣	雨水(우수)	春分(춘분)	穀雨(곡우)	小滿(소만)	夏至(하지)	大暑(대서)	處暑(처서)	秋分(추분)	霜降(상강)	小雪(소설)	冬至(동지)	大寒(대한)

3. 推日法

日柱를 따지는 방법이다. 萬歲曆을 보아 生日에 해당하는 干支가 무엇인가를 보면 된다. 萬歲曆에서 日의 干支가 나오지 않고, 초하루, 11日, 21日의 간지만 나오는 경우에는 60甲子 表에 의거 헤아려 나가면 된다.

4. 推時法

時柱를 따지는 방법이다. 推月法에서와 같이 推時法에서도 地支는 정해져 있지만 天干은 日辰 天干에 따라 바뀐다. 여기에도 推月法에서와 같이 訣이 있다.

- 甲己還生甲(甲己之日甲子時)
  甲과 己의 날은 다시 甲을 낳고,
- 乙庚丙作初(乙庚之日丙子時)
  乙과 庚의 날은 丙으로 처음을 짓는다.
- 丙辛從戊起(丙辛之日戊子時)
  丙과 辛의 날은 戊로부터 일으키고,
- 丁壬庚子居(丁壬之日庚子時)
  丁과 壬의 날에는 庚子에 있다.
- 戊癸何方發(戊癸之日壬子時)
  戊와 癸의 일에는 어디에서 출발할꼬
- 壬子時眞途
  壬子가 참으로 가야 할 길일세.

〈早見表〉

生日天干 \ 時	子	丑	寅	卯	辰	巳	午	未	申	酉	戌	亥
甲己	甲子	乙丑	丙寅	丁卯	戊辰	己巳	庚午	辛未	壬申	癸酉	甲戌	乙亥
乙庚	丙子	丁丑	戊寅	己卯	庚辰	辛巳	壬午	癸未	甲申	乙酉	丙戌	丁亥
丙辛	戊子	己丑	庚寅	辛卯	壬辰	癸巳	甲午	乙未	丙申	丁酉	戊戌	己亥
丁壬	庚子	辛丑	壬寅	癸卯	甲辰	乙巳	丙午	丁未	戊申	己酉	庚戌	辛亥
戊癸	壬子	癸丑	甲寅	乙卯	丙辰	丁巳	戊午	己未	庚申	辛酉	壬戌	癸亥

ex. 1980년 3월 15일 오전 6시 출생

時 日 月 年
柱 柱 柱 柱
↓ ↓ ↓ ↓
癸 壬 庚 庚
卯 申 辰 申

※ 표준시각 : 동경 135도

二. 大運 小運 流年 命宮의 推算法

1. 大運推算法

여기서 大運이라 함은 좋은 운이란 뜻이 아니고 10년씩 바뀌는 運程을 말한다.

ex. 1980년 3월 15일 오전 6시 출생

```
         時 日 月 年
         癸 壬 庚 庚
         卯 申 辰 申
```

〈남〉   〈여〉

```
 四 三 二 一                    四 三 二 一
 二 二 二 二 二                  八 八 八 八 八
 乙 甲 癸 壬 辛                  乙 丙 丁 戊 己
 酉 申 未 午 巳                  亥 子 丑 寅 卯
```

> 양남음녀 미래절(陽男陰女 未來節)
>
> 음남양녀 과거절(陰男陽女 過去節)

〔Ⅰ〕남명 : 생일로부터 입하까지 6일

　　　6÷3=2

〔Ⅱ〕여명 : 생일로부터 거꾸로 청명까지 24일

　　　24÷3=8

ex. 1981년 2월 11일 12시생

戊癸辛辛
午巳卯酉

〈남〉	〈여〉
四 三 二 一	四 三 二 一
三 三 三 三 三	七 七 七 七 七
丙 丁 戊 己 庚	丙 乙 甲 癸 壬
戌 亥 子 丑 寅	申 未 午 巳 辰

[Ⅲ] 乾命 : 生日부터 거꾸로 驚蟄까지가 10일

10÷3=3(나머지 1)   ※ 1捨 2入

[Ⅳ] 坤命 : 生日부터 淸明까지가 20일

20÷3=6(나머지 2)   ※ 2入 1捨

大運精算法

① 1980년 3월 15일 오전6시 정각에 출생한 男子의 경우[Ⅰ]를 예로
   들어 설명한다.

3월 15일 생일로부터 立夏까지를 6일로 계산한 것은 시간은 도외시한
이론이었다. 지금 3월 15일 6시 정각은 卯時(2시간)중 初二刻 [120分÷6刻
=20分.....1시간(120分)은 6刻(初三刻, 正三刻)으로 구성]인데 立夏는 酉時

初三刻이니 刻은 약하고 時만 계산한다고 하면 3월 22일 卯時까지가 만 6日이니 酉時까지는 6日 6시간이 된다. 1시간을 10日로 계산하면 이 四柱의 大運은 二二運 60日이 된다. 따라서 생후 헤아리는 나이로 3세 5월 15日부터 大運이 시발한다.

② 1980년 3월15일 오전 6시 정각에 출생한 女子의 경우[Ⅱ]를 예로 들어 설명한다.

3월 15일로부터 거꾸로 淸明까지는 24일로 계산한 것은 시간을 도외시한 이론이었다. 지금 3월 15일 6시 정각은 卯時(2시간)중 初二刻〔120分÷6刻=20分……1시간은 120分이니 6刻(初一, 二, 三, 正一, 二, 三刻)〕인데 淸明은 子時 正一刻이나 刻은 약하고 時만 계산한다고 하면 거꾸로 2월 20일 淸明 子時까지는 24일 3시간이 된다. 1시간이 10일에 해당하니 이 四柱의 大運 시발은 八八運 30日이다. 헤아리는 나이로 치자면 생후 9세 4월15일부터 대운이 시작하는 셈이다.

③ 1981년 2월 11일 12시生 男子[Ⅲ]

生日로부터 거꾸로 驚蟄까지는 10일이다. 이것은 대략적으로 셈한 것일 뿐 정확히는 10일 5시간이 된다. 大運 계산(10÷3=3 나머지 1일)에서 1일을 버렸으니 이 사주의 대운은 三三運 1일 5시간이 된다. 즉 三三運 17시간이 된다. 따라서 헤아리는 나이로는 4세 8월 1일에 대운이 시작된다. 왜냐하면 17×10=170일이 되기 때문이다.

④ 1981년 2월 11일 12시생 여자의 경우[Ⅳ]

생일(2/11)로부터 淸明까지는 20일이다. 그러나 이것은 날짜만 계산했을 뿐 시간을 도외시한 것이다. 시간까지 계산하면 淸明이 卯時이니 生時 午時로 치면 3시간 부족하다. 다시 말하자면 淸明이 당일(3/1) 午時에 들어야 滿 20일이 되는데 卯時이니 卯時에서 午時까지는 3시간이 남아 있다. 이상의 I, II, III,의 例示에서는 모두 초과한 경우이지만 이 경우는 부족한 경우이다. 따라서 대운은 七七運 1일 3시간 부족이다.

헤아리는 나이로 치자면 생후 8세가 되기 150일전이 대운 시발 날짜가 된다. 따라서 생후 7세 9月 11日에 대운이 시발한다.

2. 小運 推算法

여기서 小運이라 함은 大運이 들기 전의 운을 말한다.

```
原則 : 陽男陰女 未來節  陰男陽女 過去節
```

癸 壬 庚 庚
卯 申 辰 申

男 1세 甲辰   女 1세 壬寅
    2세 乙巳   2세 辛丑
    3세 丙午   3세 庚子
       ↓   ↓

戊 癸 辛 辛
午 巳 卯 酉

男 1세 丁巳   女 1세 己未
    2세 丙辰   2세 庚申

3세 乙卯   3세 辛酉
  ↓   ↓

3. 流年

당해년를 유년이라 한다.

4. 命宮

입명(立命)의 宮이란 뜻.

自身의 生時를 태양궁(太陽宮)에 더해 그 수를 따라 묘(卯)를 만나면 그 곳이 命宮이 된다.

(예) 庚申年 3월 寅時生 : 戌(丙戌)(安命丙戌, 安命戌宮)

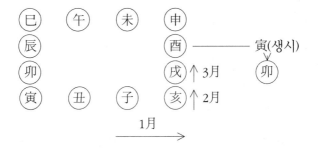

月建法(推月法)에 따라 戌은 丙戌이 됨

(예) 辛酉年 2月 午時生 : 未(乙未)(安命乙未, 安命 未宮)

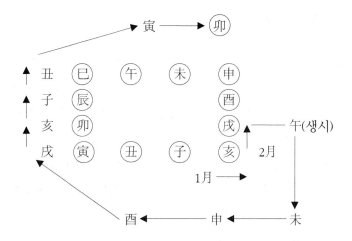

三. 五行生克에 관한 術語

日主\天干	甲	乙	丙	丁	戊	己	庚	辛	壬	癸
甲	比肩	劫財	偏印	正印	偏官	正官	偏財	正財	食神	傷官
乙	劫財	比肩	正印	偏印	正官	偏官	正財	偏財	傷官	食神
丙	食神	傷官	比肩	劫財	偏印	正印	偏官	正官	偏財	正財
丁	傷官	食神	劫財	比肩	正印	偏印	正官	偏官	正財	偏財
戊	偏財	正財	食神	傷官	比肩	劫財	偏印	正印	偏官	正官
己	正財	偏財	傷官	食神	劫財	比肩	正印	偏印	正官	偏官
庚	偏官	正官	偏財	正財	食神	傷官	比肩	劫財	偏印	正印
辛	正官	偏官	正財	偏財	傷官	食神	劫財	比肩	正印	偏印
壬	偏印	正印	偏官	正官	偏財	正財	食神	傷官	比肩	劫財
癸	正印	偏印	正官	偏官	正財	偏財	傷官	食神	劫財	比肩

1. 正印·偏印 : 生我者 : 父母

陽인 母가 陰인 나(己身)를 生하는 것이나, 陰인 母(父母)가 陽인 나를 生하는 것이 正印이다. 正印은 인수(印綬)라고도 부른다. 예컨대 무토(戊土)가 신금(辛金)을 生하거나 辛金이 壬水를 生할 경우, 戊土는 辛金의 正印이 되고 辛金은 壬水의 正印이다.

陽인 母가 陽인 나를 生하거나 陰인 母가 陰인 나를 生하면 偏印이다. 예컨대 戊土가 庚金을 生하거나 辛金이 癸水를 生할 경우, 戊土는 庚金의 偏印이고 辛金은 癸水의 偏印이다.

*인(印) : 덮어주고 보호한다는 뜻.
*수(綬) : 주고받는다는 뜻

(+) 戊 $\xrightarrow{生}$ 辛 (−) =正印

(−) 辛 $\xrightarrow{生}$ 壬 (+) =正印

(+) 戊 $\xrightarrow{生}$ 庚 (+) =偏印

(−) 辛 $\xrightarrow{生}$ 癸 (−) =偏印

[母→我]

2. 傷官·食神 : 我生子 : 子

陽인 내가 陰인 자식을 生하거나 陰인 내가 陽인 자식을 生하면 傷官이다. 예컨대 甲木이 丁火를 生하거나 丁火가 戊土를 生할 경우, 丁火는 甲木의 傷官이고 戊土는 丁火의 傷官이다.

陽인 내가 陽인 자식을 生하거나 陰인 내가 陰인 자식을 生하면 食神이다. 예컨대 戊土가 庚金을 生하거나 庚金이 壬水를 生할 경우, 庚金은 戊土의 食神이고 壬水는 庚金의 食神이다.

(我→子)

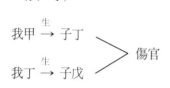

내가 生하는 것은 子인데, 子가 성장하여 나를 봉양한다. 그래서 食神이다.

傷官은 관성(官星)을 상하게(제약)하는 것이다.

3. 正官·偏官 : 克我子

陽의 干이 陰인 나를 극하거나 陰의 干이 陽인 나를 극하는 것이 正官이다. 예컨대 壬水가 丁火를 극하거나 癸水가 丙火를 극할 경우, 壬水는 丁火의 正官이고 癸水는 丙火의 正官이다.

陽의 幹이 陽인 나를 극하거나 陰의 幹이 陰인 나를 극하는 것이 偏官이다. 偏官은 칠살(七殺 또는 七煞)이라고 부를 경우도 있다. 예컨대 壬水가 丙火를 극하거나 癸水가 丁火를 극할 경우, 壬水는 丙火의 偏官이고 癸水는 丁火의 偏官이다.

壬 (+) $\overset{克}{\to}$ 丁 (−)

癸 (−) $\overset{克}{\to}$ 丙 (+) ⟩ 正官

壬 (+) $\overset{克}{\to}$ 丙 (+)

癸 (−) $\overset{克}{\to}$ 丁 (−) ⟩ 偏官

(官⟨鬼⟩ → 我)

官 : 棺 · 管

● 사람이 관직에 제수되면 몸은 국가에 속한다.

● 자신의 공과는 棺에 들어간 뒤 평가 받는다

● 꿈에 棺을 보면 관직에 나가게 된다는 속설이 있다.

● 管이란 제약하는 것이다. 제약을 받지 않으면 인간은 짐승이 된다.
  그래서 관이 귀하다.

4. 正財 · 偏財 : 我克者 : 妻財

陽인 내가 陰의 幹을 극하거나, 陰인 내가 陽의 幹을 극하는 것이
정재(正財)이다. 예컨대 庚金이 乙木을 극하거나 辛金이 甲木을 극할
경우, 乙木은 庚金의 正財이고 甲木은 辛金의 正財이다.

陽인 내가 陽인 幹을 극하거나 陰인 내가 陰인 幹을 극할 경우는 偏財이
다. 예컨대 庚金이 甲木을 극하거나 辛金이 乙木을 극할 경우, 甲木은
庚金의 偏財이고 乙木은 辛金의 偏財이다.

(我)

庚 (+)　$\overset{克}{\rightarrow}$　乙 (−) ⎫
　　　　　　　　　　　　　⎬ 正財
辛 (−)　$\overset{克}{\rightarrow}$　甲 (+) ⎭

(我)

庚 (+)　$\overset{克}{\rightarrow}$　甲 (+) ⎫
　　　　　　　　　　　　　⎬ 偏財
辛 (−)　$\overset{克}{\rightarrow}$　乙 (−) ⎭

5. 劫財·比肩 : 比我者 : 兄弟

陽과 陰, 또는 陰과 陽이 다른 부류이면 劫財이다. 예컨대 甲木이 乙木을
만나거나, 丁火가 丙火를 만날 경우, 乙木은 甲木의 劫財이고(또 甲木은
乙木의 劫財), 丙火는 丁火의 劫財(도 丁火는 丙火의 劫財)이다.

陽과 陽, 陰과 陰이 같은 부류이면 比肩이다. 예컨대 庚金이 庚金을
만나거나 癸水가 癸水를 만날 경우 庚金은 庚金의, 癸水는 癸水의 比肩
이다.

甲 ⟷ 乙 ⎫
　　　　⎬ 劫財
丁 ⟷ 丙 ⎭

庚 ⟷ 庚 ⎫
　　　　⎬ 比肩
癸 ⟷ 癸 ⎭

|〈實〉|〈花〉|〈苗〉|〈根〉|
時	日	月	年
子女	自身	父母	祖上
戊	癸	辛	辛
午	巳	卯	酉
子女	妻妾	母弟	祖母

四. 星宿 神煞

1. 吉星(吉神)

(1) 天德 : 기준

生月 / 天德	1	2	3	4	5	6	7	8	9	10	11	12
天德	丁	申	壬	辛	亥	甲	癸	寅	丙	乙	巳	庚
天德合	壬	巳	丁	丙	寅	己	戊	亥	辛	庚	申	乙

(2) 月德 : 生月 기준

生月 / 月德	寅 1	卯 2	辰 3	巳 4	午 5	未 6	申 7	酉 8	戌 9	亥 10	子 11	丑 12
月德	丙	甲	壬	庚	丙	甲	壬	庚	丙	甲	壬	庚
月德合	辛	己	丁	乙	辛	己	丁	乙	辛	己	丁	乙

- 寅午戌月 : 丙
- 巳酉丑月 : 庚
- 申子辰月 : 壬
- 亥卯未月 : 甲

- 三車一覽賦云, 天月二德扶持 利官小病.

  삼거일람부에서 말하기를「天月」두 덕이 붙들어 주면 벼슬에 이롭고 병이 적다.

  又云, 二德扶持. 衆惡皆散.

  또 이르기를「二德」이 붙들어 주면 많은 악 살이 모두 흩어진다.

- 心鏡賦云, 天月二德爲救解. 百灾不爲害.

  心鏡賦에 이르기를, 天月 二德이 구해주고 풀어 주게 되면 백가지 재앙이 해롭게 하지 못한다.

- 相心賦云, 二德印生. 作事施恩布德.

  相心賦에 이르기를, 인수에 二德이 있어 생하면 일을 함에 있어서 은혜를 베풀고 덕을 편다.

- 幽微賦云, 慈祥敏慧 天月二德呈祥.

  유미부에 이르기를, 사람이 자상하고 기민하고 자혜로움은 天月 두 덕이 상서를 드러내기 때문이다.

- 奧旨賦云, 命虧殺旺要天赦二德呈祥.

  오지부에 이르기를, 명이 이지러지고 살이 왕하면 천사(天赦) 나 천월 두 덕이 상서로움을 드리울 것을 필요로 한다.

- 秘訣云(비결운), 天月二德 臨日主 一生無險無虞 更遇將星 名登相府

  비결에 이르기를, 천월 두 덕이 日柱에 임하면 일생에 험한 일과 근심스러운 일이 없다. 또다시「장성」(將星)을 만나면 이름이 정승의 반열에 오른다.

※ 천덕이나 월덕이 재성이 되면 사람됨이 문무겸전하고 치부하며, 관성에 있으면 관직에 재액이 없고, 식신에 있으면 만년에 영화롭고

귀히 되며, 인수에 있으면 부조(父祖)의 남은 덕을 얻고, 日干에 있으면 자신이 횡액을 당하지 않고, 日支에 있으면 현처를 얻고, 생시에 있으면 귀한 아들딸을 둔다.

(3) 三奇貴人

天上三奇 : 甲戊庚
地下三奇 : 乙丙丁
人中三奇 : 壬癸辛

張其成의 『易學大辭典』에는 이 책의 내용과는 다르게 "地下'와 '人中'의 자리가 서로 바뀌어 있다(P.636 참조.).

三奇는 어느 것이든 年月日時에서 순서대로 이어져야 격을 이룬다. 어느 三奇이든 간에 三奇貴人이 四柱에 들면 가슴에 품은 뜻이 탁월하고 博學多識하며 크게 부귀를 누린다.

(4) 天乙貴人 : 日干 기준

日干 天乙	甲	戊庚	乙	己	丙	丁	壬	癸	辛
陽貴 (양귀)	未	丑	申	子	酉	亥	卯	巳	寅
陰貴 (음귀)	丑	未	子	申	亥	酉	巳	卯	午

陽貴 : 생일이 冬至 이후에서 夏至 전까지 출생했을 때.
陰貴 : 생일이 夏至 이후에서 冬至 전가지 출생했을 때.

『淵海子平』: 甲戊庚牛羊 乙己鼠猴鄕 丙丁猪鷄位

壬癸蛇兎藏 六辛逢馬虎 此是貴人方

命中如遇此 定作紫薇郞

甲戊庚은 丑과 未, 乙己는 子申, 丙丁은 亥酉의 자리, 壬癸는 巳卯에 숨고, 辛에는 午寅에서 만난다. 이것이 天乙貴人이 있는 곳이다. 사주 가운데 이와 같이 만나면 자미성의 속관(中書郞)이 되겠다.

命理書에 따라서는 '甲戊庚牛羊'이 '甲戊兼牛羊'으로 '六辛逢馬虎'가 '庚辛逢馬虎'로 되어 있다.(예컨대 『命理正宗』)『淵海子平』의 기술이 타당할 것 같다. 다음의 天乙貴人循環圖를 參看하여 보면 그 까닭이 저절로 소명해질 것으로 믿는다.

≪별론≫

* 陽貴照臨表 이 표는 편저자가 처음으로 만든 것으로 時에 조립하는 天乙貴人을 살피는 방법이다.

12宮	子	丑	寅	卯	辰	巳	午	未	申
天干	甲	乙	丙	丁	천(天)라(羅)	戊	천(天)공(空)천(天)대(對)	己	庚
天干合	己	庚	辛	壬		癸		甲	乙
天乙	子	丑	寅	卯		巳		未	申

酉	戌	亥	子	丑
辛	지(地)망(網)	壬	貴不再居 先天坤位	癸
丙		丁		戊
酉		亥		丑

※ 가령 日干이 庚이라면 天乙貴人은 申이다.(陽貴)

* 陰貴照臨表 이 표는 편저자가 처음으로 만든 것임

12宮	子	丑	寅	卯	辰	巳	午	未	申
天干	庚	己	天空天對	戊	천(天)라(羅)	丁	丙	乙	甲
天干合	乙	甲		癸		壬	辛	庚	己
天乙	子	丑		寅		巳	午	未	申

未	申	酉	戌	亥
癸	貴 後天坤位 不再居	壬	지(地)망(網)	辛
戊		丁		丙
未		酉		亥

※ 가령 日干이 庚이라면 天乙貴人은 子이다.(陰貴)

天乙貴人循環圖〈貴人登天門時方〉

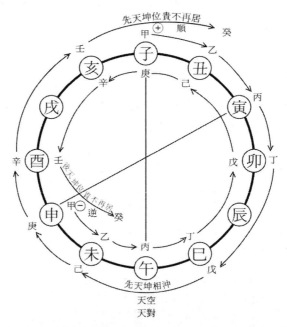

※ 이 그림은 편저자가 『天機大要』의 설명에 의거해 처음으로 작성한 것으로 時에 조림하는 天乙貴人을 살피는 방법이다. 주로 택시(擇時)할 때 쓰는 방법이나 간명에서는 日柱를 기준으로 하여 天乙貴人이 들었는가를 본다.

- 三車一覽賦云, 天乙文星得之者聰明智慧.

  삼거일람부에 이르기를, 天乙 文星을 얻은 자는 총명하고 지혜가
  밝다.

- 驚神賦云, 日干坐貴一世淸高.

  경신부에 이르기를, 日干의 좌하에 天乙이 오면 한세상 맑고 높다.

※ 一世 : 여기서는 平生이란 뜻임.

- 通明賦云, 貴壓三刑終執正一作正.

  통명부에 이르기를 귀인(天乙)이 三刑을 누르면 마침내 고관대작
  이다.

- 秘訣云, 貴人喜合又云爲人正大者天乙生旺.

  비결에 이르기를 귀인(天乙)은 合을 기뻐한다. 또 이르기를 사람됨이
  正大한 것은 天乙귀인이 生旺(포태법)을 띠기 때문이다.

- 富貴賦云, 顯背者身臨貴宿.

  부귀부에 이르기를 귀히 되는 까닭은 몸에 귀수(天乙)가 조림하기
  때문이다.

(5) 天赦

　　春 (立春 → 立夏前) : 戊寅日

　　夏 (立夏 → 立秋前) : 甲午日

　　秋 (立秋 → 立冬前) : 戊申日

　　冬 (立冬 → 立春前) : 甲子日

- 三車一覽賦云, 命中若逢天赦 處世百事無憂.

  삼거일람부에 이르기를, 명 가운데 천사를 만나면 처세함에 있어서

백가지 일에 근심이 없다

- 集說云, 天赦若於命中 守逢凶不凶 甚嗜酒.

  집설에 이르기를, 천사가 명 가운데 들면 흉한 것을 만나도 흉하지
  않다. 술을 매우 좋아한다.

(6) 十干祿 : 日干爲主

『淵海子平』

甲祿在寅 (甲의 녹은 寅에 있고)

乙祿在卯 (乙의 녹은 卯에 있다.)

丙戊祿在巳 (丙과 戊의 녹은 巳에 있고)

丁己祿在午 (丁과 己의 녹은 午에 있다.)

庚祿在申 (庚의 녹은 申에 있고)

辛祿居酉 (辛祿은 酉에 깃들고 있다.)

壬祿在亥 (壬祿은 亥에 있고)

癸祿在子 (癸祿은 子에 있다.)

- 日干을 기준으로 해서 녹이 年支에 있으면 세록(歲祿), 月支에 있으면
  건록(建祿), 日支에 있으면 좌록(坐祿), 時支에 있으면 귀록(歸祿)이
  라 한다.
- 무릇 祿이라고 하는 것은 天干이 地支가 왕성한 곳에 있다. 甲의
  녹이 寅에 있다고 하는 것은 곧 동방의 甲乙이 地支 寅卯에 짝하는
  것을 뜻한다.(胞胎法參看)
- 辰戌丑未는 바로 天罡 악살이므로 녹신(祿神)이 이르지 않는다.
- 대저 사람이 祿을 띠어도 혹은 길하고 혹은 귀하니 어떻게 논할

것인가? 녹은 생명을 보존하는 근원이므로 원칙적으로 말해서 평생 의식이 풍족하다고 말할 수 있지만, 충(衝)이나 공망(空亡)에 들어가면 두렵다. 의식에 어려움이 있다.

(7) 文昌星 : 日干爲主(『天機大要』는 歲干 爲主)

『命理探源』에 "文昌이란 食神이 臨官하고 長生하는 곳이다."라고 했다.

天干	甲	乙	丙戊	丁己	庚	辛	壬	癸
文昌	巳	午	申	酉	亥	子	寅	卯

古歌

甲乙巳午報君知 : 甲과 乙, 乙과 午의 만남을 그대에게 알려주니,
丙戊申宮丁己鷄 : 丙과 戊는 申宮에, 丁과 己는 닭(酉)에,
庚猪辛鼠壬逢虎 : 庚은 돼지(亥)에, 辛은 쥐(子)에 壬은 호랑이(寅)에 만나네.
癸人見兎入雲梯 : 日柱가 癸인 사람이 토끼(卯)를 만나면 운제(雲梯:높은 사닥다리, 높은 벼슬)에 오르리라.

(8) 學堂 : 日干爲主

※ 人鑑論云, 四柱坐學堂之上 回也不愚.

日干	甲	乙	丙	丁	戊	己	庚	辛	壬	癸
月又時	亥	午	寅	酉	寅	酉	巳	子	申	卯

• 學堂은 日干의 長生地에 있다.[포태법(胞胎法)참간(參看)]

- 三車一覽云, 學堂有氣惟利師儒.

  삼거일람에 이르기를, 학당이 기운이 있으면 스승이나 선비 됨이
  이롭다.

- 富貴賦云, 聰明命坐學堂.

  부귀부에 이르기를, 총명한 것은 命이 학당에 앉아 있기 때문이다.

- 愛憎賦云, 貴馬會於學堂錦繡文章.

  애증부에 이르기를, 학당에 천을귀인과 역마가 만나면 금수문장이다.

(9) 富貴學舘 : 日干爲主

日　干	甲乙	丙丁	戊己	庚辛	壬癸
官　星	庚辛	壬癸	甲乙	丙丁	戊己
富貴學舘	巳申	申亥	亥寅	寅巳	寅巳

- 富貴學舘은 日干의 官星이 長生과 臨官을 만나는 곳에 있다.

(10) 天官貴人 : 年干爲主

日干	甲	乙	丙	丁	戊	己	庚	辛	壬	癸
天官	未	辰	巳	酉	戌	卯	亥	申	寅	午

- 時上에 보면 더욱 아름답다.
- 『淵海子平』: 必作朝廷顯代人. 반드시 조정의 뛰어난 사람이 된다.

(11) 太極貴人 : 年干爲主

年 干	甲	乙	丙	丁	戊	己	庚	辛	壬	癸
太 極	子	午	卯	酉	辰戌	丑未	寅	亥	申	巳

- 『淵海子平』: "…更須貴格 相扶合 侯封萬戶 列三公"
  "다시 마땅히 귀격과 서로 붙들고 합하면 만호의
  제후로 봉해지고 삼공의 반열에 오른다."
- 『天機大要』: 位居崇班, 祿盈萬種.

(12) 將星 : 日支爲主

日 支	寅午戌	巳酉丑	申子辰	亥卯未
將 星	午	酉	子	卯

- 『三命通會』: "장성이란 대장이 진중에 있는 것과 같다. 따라서
  가운데 자리에 셋이 합하는 것을 장군이라고 한다."
- 古歌云, 將星文武兩相宜 祿重權高足可知.
  고가에 이르기를, 장성은 文이나 武 두 가지가 다 마땅하다. 녹이
  무겁고 권세가 높고 풍족한 것을 가히 알겠다.

(13) 帝座
『淵海子平』
- 其法取時下納音旺處 是也 如甲子納音屬金 金旺於酉卽 酉上是也 其
  餘放此.
  그 보는 법은 時柱의 납음이 포태법으로 旺을 만난 곳이 이것이다.

가령 甲子는 납음(納音)이 金인데 金은 酉에서 旺이 되니 酉에 제좌가 된다. 다른 것은 이와 같다.(제좌는 주로 여자에서 본다).

- 子平云, 帝座逢虛 見不肖有是.

  자평에 이르기를, 제좌가 고허를 만나면 不肖가 나타남이 이에서 있다.

  「愛憎賦」

- 帝座守文章之舘.

  애증부에 이르기를 제좌는 文章을 지키는 곳이다.

(14) 金輿 : 日干爲主

日 干	甲	乙	丙	丁	戊	己	庚	辛	壬	癸
金 輿	辰	巳	未	申	未	申	戌	亥	丑	寅

『淵海子平』

- 祿前第二位也. 如甲祿在寅辰上 是也. 餘皆例此而推.

  녹 앞 제2위가 금여이다. 가령 甲녹은 寅인데 寅으로부터 앞 제2위는 辰이니 辰에 금여가 있다. 나머지도 이와 같이 미루어 보라.

- 此星遇之 主帶妻室財至.

  이별을 만나면 주로 처가 재물을 갖고 이른다.

2. 可變星 : 필자가 명명한 명칭

(1) 魁罡

[魁] 우두머리 괴 [罡] 북두성 강

［魁罡］북두칠성의 첫째 별. 북두칠성의 첫째부터 넷째까지의 별.

天罡 : 북두칠성의 별칭

- 日柱에 戊戌 庚戌이 되면 天罡이라 하고 庚辰 壬辰이 되면 地罡이라 한다.
- 성격이 총명하고 문장이 뛰어나며 일 처리에 과감하고 권세를 잡으면 남을 치기에 좋아한다고 하지만 혹중혹부다.
- 張楠은 이르기를, "壬辰, 庚戌, 庚辰, 戊戌의 4庫를 괴강이라 하고, 능히 대권을 장악한다 하고 또 논하지 아니하면서 어떻게 이 4묘의 곳에 나아가 능히 권위를 장악한다고 하니 이 또한 子平書의 큰 오류이다."라고 했다.
- 괴강은 본디 악살이다.(편저자)

(2) 華蓋 : 日支爲主

日 支	寅 午 戌	申 子 辰	巳 酉 丑	亥 卯 未
華 蓋	戌	辰	丑	未

華蓋 : 북두칠성을 둘러싼 별 이름. 전(轉)하여 제왕(帝王)의 차개(車蓋)

- 車賦云, 華蓋重重 勤心學藝 又云, 華蓋乃聰明之士.

  거부에 이르기를, 화개가 거듭하면 학예에 뜻을 두고 힘쓴다. 또 이르기를 화개는 곧 총명한 선비이다.
- 古云, 華蓋逢空 偏宜僧道.

  옛글에 이르기를 화개가 공을 만나면 오직 승려가 마땅하다.
- 奧旨賦云, 柱若逢華蓋犯二德 清貴之人.

오지부에 이르기를, 주중에 화개가 있고 다시 天月 二德이 있으면 청귀한 귀인이다.

- 通明賦云, 華蓋臨身定爲方外之人 留心於蓮杜蘭臺 容膝於浦團竹偈.

  통명부에 이르기를, 화개가 몸에 임하면 뜻이 물외에 노니는 사람이다.(세속에 뜻이 없는 사람) 마음은 항상 절간에 있고 몸은 늘 도학을 닦는다.

- 造微賦云, 印綬逢華 尊居翰苑.

  조미부에 이르기를, 인수가 화개를 만나면 높이 한림원(학예직)에 거한다.

- 古歌云, 生逢華蓋 主文章藝術偏多智慮長.

  옛 가사에 이르기를, 華蓋를 만나 태어나면 주로 문장 학예에 능하고, 지혜와 생각이 깊다.

- 愛憎賦云, 觀幽閒瀟灑之人 遇華蓋孤虛之位.

  애증부에 이르기를, 유한하고 깨끗한 사람을 보는 것은 화개가 고허를 만나는 자리이다.

(3) 驛馬 : 馹馬 : 年支爲主

年支, 日支	寅午戌	申子辰	巳酉丑	亥卯未
馹	申	寅	亥	巳

- 驛馬는 五行 病地에 있다. 예컨대 寅午戌은 火인데 火는 申이 病地이다.(胞胎法)
- 『淵海子平』

  有馬必要鞍 必要欄 方好 無鞍 不能乘無 欄不能止 皆無用也 馬前爲欄

馬後爲鞍.

말이 있으면 반드시 안장과 우리가 필요한 법이다. 안장이 없으면 탈 수가 없고, 우리가 없으면 그칠 수가 없으니 모두가 무용지물이다. 역마(이를테면 申) 앞(酉)이 우리가 되고 역마 뒤(未)가 안장이 된다.

- 三車賦云, 馬逢鞭策身不安閑.

  삼거부에 이르기를, 역마가 채찍을 만나면 몸이 한가롭지 못하다.(예: 申에 寅)

- 造薇論云, 馬頭帶劍鎭壓邊疆 又云, 壬申癸酉爲眞劍.

  조미론에 이르기를, 말머리에 차검(叉劍)이 있으면, 변방을 진압하는 장수이다. 또 이르기를 壬申 癸酉가 진검이라고 했다.

- 身命賦云, 馬奔財鄕發如猛虎.

  신명부에 이르기를 말이 재향을 달리면 맹호처럼 발신(發身)한다.

- 集說云, 貴人馬多升擢, 常人馬多奔波 又云, 馬忌空亡

  집설에 이르기를, 귀인이 역마가 많으면 승탁(발탁되어 승진)이 있고 평상인이 역마가 많으면 분파(바쁘고 골몰함)할 따름이다. 또 이르기를 馬는 공망을 기한다.

- 古歌云, 人命若還逢馹馬 大利求名求利者.

  옛 가사에 이르기를, 인명에 역마가 있으면 명성을 구하고 이권을 구하는 것에 크게 이롭다.

- 雜論口訣 : 馬落空亡 操心落魄之人.

  잡론구결 : 역마가 空亡에 떨어지면 낙탁한 사람일까 조심이 된다.

3. 凶神惡煞

(1) 陽刃(羊刃) : 日干 표준

● 자암성(紫暗星)이라고도 한다.

日 干	甲	丙	戊	庚	壬
羊 刃	卯	午	午	酉	子

● 陰幹에도 陽刃이 있다는 설도 있다(飛人)

● 祿이 지나치면 刃(刃者主刑也)이 생긴다.

공을 이루면 마땅히 물러나야 하거늘 물러나지 않으면 곧 낭패로 나아간다.(吉한 것이 극에 이르면 凶하다) 그래서 양인은 녹 앞 한 자리 앞에 있다.(祿前一位羊刃)

●『命理正宗』

祿前一位在 天紫暗星 專待誅戮人 命遇此更加刑沖破害 其人必主凶惡死於兵戈之下.

녹 앞으로 한 자리가 자암성인데 주륙(목 베고 살륙하는 것)을 전담한다. 인명이 이를 만나고 다시 형충파해가 더해지면 그 사람은 반드시 병과(전쟁터) 아래에 흉악하게 죽는다.

● 幽微賦云, 羊人多而妻宮有損.

유미부에 이르기를, 양인이 많으면 처궁에 손상이 있다.

● 碧淵賦云, 刧財羊刃有官殺, 臺閣之臣, 又云, 羊人偏官有制應職掌乎兵權, 又云, 女命逢之最忌羊人.

벽연부에 이르기를 겁재와 양인에 관살이 있으면 대각(尙書省. 轉하여 內閣을 뜻함)의 신하이다. 또 이르기를 양인과 편관이 제약이

있으면 직에 나아감에 병권을 잡는다. 또 이르기를, 여자의 명에
만나면 가장 좋지 않다.

- 「絜要捷馳玄妙訣」云, 刦財羊人入官殺臺閣之臣.
「혈요첩치현묘결」에 겁재와 양인이 관살로 들어가면 대각의 신하이
다라고 했다.

- 淵源集說云, 羊人兼會七殺 千里流徒.
연원집설에 이르기를, 양인이 칠살을 겸하면 천리의 귀양살이하는
사람이다.

(2) 六甲空亡. 孤虛

旬中	甲子	甲戌	甲申	甲午	甲辰	甲寅
空亡	戌亥	申酉	午未	辰巳	寅卯	子丑
孤虛	辰巳	寅卯	子丑	戌亥	申酉	午未

孤虛 : 空亡對宮

- 『淵海子平』
火空則發 화가 공이 되면 발하고,
水空則服 수가 공이 되면 좇고,
金空則鳴 금이 공을 만나면 울고,
木空則折 목이 공을 만나면 부러지고,
土空則陷 토가 공이 되면 구덩이가 된다.

- 造微賦云, 空亡更臨寡宿孤獨躘踵.
躘 : 어린애 걸음 룡, 踵 : 발꿈치 종
「조미부」에 이르기를, 공망에 다시 과수가 임하면 고독하고 용종

하다.

- 集說云, 凡人命內帶空亡一生主聰明.

「집설」에 이르기를, 무릇 인명에 공망살을 띠면 一生 동안 주로 총명하다.

- 대체로 희신(喜神)이 공망에 떨어지면 괜한 기쁨에 지나지 않고, 기신(忌神)이 공망의 위치에 떨어지면 도리어 기쁨이 될 수 있다.

(3) 四大空亡 : 日柱干支 표준

旬中	甲子	甲午	甲寅	甲申
大空亡	水	水	金	金

『淵海子平』

甲子幷甲午旬中水絶流 甲寅與甲申旬中金氣杳.

甲子와 甲午旬中에는 水가 끊어져 흐르지 않고, 甲寅과 甲申旬中에는 金氣가 아득하다.

- 六甲 가운데 甲辰 甲戌 두 旬中에는 水火木金土 五行이 모두 갖추어져 있지만 甲子와 甲午旬中에는 水가 없고, 甲寅과 甲申旬中에는 金기가 없다. 그런데 만약에 甲子甲午旬中(日柱)에 출생한 사주에 연월일시 등에 水가 있으면 이것이 四大空亡이 되고, 甲寅 甲申旬中에 출생한 사주에 金이 있으면 또 四大空亡이 된다는 것이다.

- 淵海子平云, 此主夭折 壺中子曰 顔回夭折 只因四大空亡.

연해자평에 이르기를, 이것(四大空亡)은 주로 요절한다. 호중자가 이르기를 "안회가 요절한 것은 다만 四大空亡에 말미암은 것이다."

(4) 截路空亡 : 日干 표준, 時上見之

日干	甲己	乙庚	丙辛	丁壬	戊癸
截路空亡	申酉	午未	辰巳	寅卯	子丑

『淵海子平』

甲己申酉 最爲愁

甲己에는 申酉가 가장 근심이 되고,

乙庚午未 不須求

乙庚에는 午未를 마땅히 구하지 말라.

丙辛辰巳 何勞問

丙辛이 辰巳를 만나 어찌 수고로움을 묻는고,

丁壬寅卯 一場空

丁壬이 寅卯와 어울리면 한바탕 공인 것을.

戊癸子丑 君須忌

戊癸가 子丑을 만나는 걸 그대는 꼭 기피하게나.

人生值此也多憂

사람이 이것을 만나면 근심이 많으이.

忽然更向胎中遇

홀연히 만약 태중에 만나면,

白髮盈簪苦未休

백발이 비녀에 차도록 괴로움이 쉬지 않다네.

- 淵海子平云 截路者如人在途路之中 遇水則不能前進 不可以濟 故曰
  截路空亡也.

  연해자평에 이르기를, 절로라고 하는 것은 사람이 도로 가운데 있어서
  (길을 가다가), 물을 만나면 앞으로 나아갈 수가 없어서 써 건너갈
  수가 없는 것과 같으니 고로 말하기를 '절로공망'이라 한다.

- 日干을 표준으로 해서 時上에서 보는 것이니, 年이나 月에 있는
  것은 이 살에 해당되지 않는다.

(5) 孤辰, 寡宿 : 年支爲主

區分 \ 年支	亥子丑	巳午未	寅卯辰	申酉戌
孤神	寅	申	巳	亥
寡宿	戌	辰	丑	未

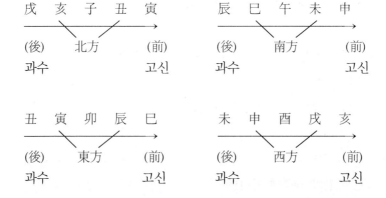

- 秘訣云, 雙辰合黨鰥寡而孤.

「비결」에 이르기를, 고신 과수가 다 있으면 홀아비 과부이고 고독
하다.

- 警神賦云, 貴神方抱孤寡 貴人同一爲 又云孤神華蓋日時相犯 主伶仃
又云孤華主爲林下僧尼.

「경신부」에 이르기를, 귀인이 있는 자리에 고과가 함께 있으면 귀하고
좋으며, 또 이르기를, 고신과 화개가 日과 時에 서로 범하면 독행(獨行)
하는 것이요, 또 이르기를, 고신과 화개는 주로 산중의 승려이다.

- 明賦云, 孤寡雙辰帶冠印定作叢林領袖.

「통명부」에 이르기를, 고신과 과수에 포태법으로 冠과 또 인수를
띠우면 총림영수이다.

*총림 : 중들이 많이 모여 있는 곳.

- 身命賦云, 男孤神他鄕之客 女寡宿異省之婦.

「신명부」에 이르기를 남자의 고신은 타향의 나그네이고 여자의 과수
는 과부가 될 것이다.　　省 : 마을

- 古歌云, 孤神切忌 男剋婦 寡宿須敎女害夫.

「고가」에 이르기를 고신은 꼭 기피하여야 하는 것은 남편이 아내를
극하기 때문이요, 과수는 女子가 남편을 해한다는 것을 모름지기
가르쳐야 한다.

- 燭神經(촉신경)

대개 사람의 운명에서 고신 과수를 만나면 신체가 쇠약하고 얼굴에
화기가 없으며 육친(六親)에 불리하다. 생왕하면 조금 나으나 사절하
면 더욱 심하다. '역마'가 함께 있으면 타향에 떠돈다. '공망'이 함께
있으면 어려서 의지할 데가 없다. '상문조객살'이 겸하면 부모가

연달아 세상을 뜬다. 일생동안 수많은 재앙을 여러 차례 겪고 골육의 정이 박하고, 신세가 처량하고, 가난하며 이롭지 못하다. 귀격(貴格)에 들어가면 데릴사위로 갈 것이고, 천격에 들어가면 유랑을 면치 못한다.

(6) 亡身 : 年支 표준

年 支	申 子 辰	寅 午 戌	巳 酉 丑	亥 卯 未
亡 神	亥	巳	申	寅

月亡身 : 천성이 峻急, 三刑에 이르면 長沙之厄(귀양살이).

日亡身 : 정신 혼미, 낙상을 조심(因人被害)

時亡身 : 자궁불리, '양인'(陽刃)과 함께하면 귀양살이.

(7) 天羅地網

『淵海子平』

● 辰爲天羅 戌爲地網 又爲魁罡所占 天乙不臨之地也.

辰은 천라가 되고 戌은 지망이 된다. 또 괴강이 차지하고 있어 천을이 조림하지 않은 곳이다.

● 남자는 천라를 기하고 여자는 지망을 기한다. 악살을 더하면 반드시 사망에 이른다.

『命理正宗』

如人命有此 主剋陷淹延之疾牢獄之灾.

명에 천라지망이 있으면 질액, 剋陷, 獄訟등의 재앙이 있다.

(8) 天地轉殺 : 日上看之

四時 區分	春	夏	秋	冬
天 轉	乙 卯	丙 午	辛 酉	壬 子
地 轉	辛 卯	戊 午	癸 酉	丙 子

『淵海子平』

命逢此日 必主夭折.

韓信被誅 只傷天地轉殺.

명이 이날을 만나면 주로 요절한다.

韓信이 주살당한 것은 천지전살이 상하게 한 것이다.

(9) 元辰 : 年支 표준

年支	子	丑	寅	卯	辰	巳	午	未	申	酉	戌	亥
元辰	未	午	酉	申	亥	戌	丑	子	卯	寅	巳	辰

● 秘訣云, 大耗懸針 非貧卽夭.

「비결」에 이르기를, 대모와 현침은 가난하지 않으면 요절한다.

● 身命賦云, 禍莫禍於元辰.

「신명부」에 이르기를, 禍는 元辰보다 더 화가 되는 살은 없다.

(10) 桃花殺(咸池・年殺・敗殺이라고도 함) : 年支 또는 日支

年支 또는 日支	寅午戌	申子辰	巳酉丑	亥卯未
咸 地	卯	酉	午	子

『命理正宗』

咸池殺 以此生年上起 或又以日上起 此殺有在日時上者爲緊.

함지살은 이로써 年上에서 일으키나 혹은 또 日上에서 일으키기도 한다. 이 살은 日時에 있으면 더 급하다.

- 幽微賦云, 酒色猖狂只爲桃花帶殺.

  「유미부」에 이르기를, 주색에 미치는 것은 다만 도화가 살성을 띠기 때문이다.

- 玉函賦云, 天德與咸池同會薛李有風月之情.

  「옥함부」에 이르기를, 天德과 咸池가 같이 모이면 풍월의 정이 있다.

- 秘訣云, 桃花馹馬 一生不免飄逢.

  「비결」에 이르기를, 도화와 역마가 있으면 일생을 표탕 방랑한다.

  又云, 桃花倒揷 慷慨風流

  또 이르기를, 도화가 있으면 강개한 풍류인이다.

  又曰, 有人命內帶咸池 自是天然惹是非 男子逢之多慷慨 女人爲此逞風情.

  또 말하기를, 인명이 함지를 띠면 천연적으로 시비를 일으키고 남자는 강개심이 많고 여자는 바람기가 있다.

- 通明賦云, 桃花帶合必是浪游之子.

  「통명부」에 이르기를, 도화가 합을 띠면 반드시 虛浪放遊客이다.

- 造微論云, 咸池更會日官緣 因妻致富.

  「조미론」에 이르기를, 함지가 다시 일주의 관과 모이면 처로 인하여 치부한다.

  又云, 桃花若臨帝座 因色亡身.

  또 이르기를, 도화가 제좌에 임하면[帝座:시주(時柱) 납음(納音) 왕처

(旺處)] 색으로 망신한다. (亡身:죽는 것)

- 驚神賦云, 風流破蕩印好干弱坐咸池

「경신부」에 이르기를, 풍류파탕한 것은 약한 日柱가 咸池에 앉아 있기 때문이다

- 日支를 기준으로 해서 도화살을 볼 때는 년월지에 있는 도화를 장리도화(墙裡桃花)라 하고, 시지에 있는 도화를 墙外桃花라고도 한다, 전자는 부부가 사랑하고 아껴주는 것을 의미하여 해로울 것이 없고, 후자는 만약 여자가 이를 만나면 사람마다 다 쓰다듬을 것이니 가장 불길하다는 것이다. 물론 명에는 없더라도 대운이나 유년에 만나면 도화운을 만나는 것이 된다.

(11) 喪門·弔客 : 年上起

年支	子	丑	寅	卯	辰	巳	午	未	申	酉	戌	亥
喪門	寅	卯	辰	巳	午	未	申	酉	戌	亥	子	丑
弔客	戌	亥	子	丑	寅	卯	辰	巳	午	未	申	酉

```
       ···  ③─②─①─②─③  ···
  ···申  酉  戌  亥  子  丑  寅  卯···
  ├──┴──┴──┴──┴──┴──┴──┤
         조     기     상
         객     준     문
```

- 集說云, 命前三辰爲喪門 命後三辰爲弔客 本日歲運犯之 主喪服哭泣 輕者主損遠親.

「집설」에 이르기를, 命前 三辰이 喪門이고 命後 三辰이 弔客이다. 일세운에 범하면 상복을 입고 哭泣함이 있을 것이고 경하면 원친을

잃을 것이다.

(12) 四廢日 : 日柱 看之

『淵海子平』

　春 庚申(金囚死)

　夏 壬子(水囚死)

　秋 甲寅(木囚死)

　冬 丙子(火囚死)

　봄에는 庚申日(金이 囚死에 처했다)

　여름에는 壬子日(水가 囚死에 처했다)

　가을에는 甲寅日(木이 囚死에 처했다)

　겨울에는 丙子日(火가 囚死에 처했다)

　命中有遇之者 主作事無成.

　명가운데 이것을 만나면 주로 일을 해서 성공하지 못한다.

(13) 十惡大敗日:日柱上

年柱	庚戌	辛亥	壬寅	癸巳	甲戌	甲辰	乙亥	乙未	丙寅	丁巳
十惡	甲辰	乙巳	丙申	丁亥	庚辰	戊戌	辛巳	己丑	壬申	癸亥

- 『淵海子平』에서는 년주와 무관하게 上記한 十日을 십악대패일로 하고 있으나 『三命通會』에서는 年柱와 관련시키고 있다.
- 적과 교전하여 대패하는 격이다.
- 淵海子平云, "예컨대 甲辰 乙巳에서 甲은 寅으로 祿을 삼고, 乙은

卯로 祿을 삼는데 甲辰에 있어서는 寅卯가 空이 되니 반드시 이것은
祿이 大空亡이다. 이것이 敗이다. 또 壬申은 亥가 祿인데 甲子旬中에
는 亥가 空亡이 되니 이것이 敗이다. 나머지는 이와 같다."

(14) 垣星

日干	甲	乙	丙	丁	戊	己	庚	辛	壬	癸
垣城	亥	午	寅	酉	寅	酉	巳	子	申	卯

『淵海子平』

- 其法取日上 天干長生是也 如甲日生長生在亥卽 亥上是也

  그 법은 日上의 天干이 長生하는 곳을 취하는 것이다. 예컨대 甲日에
  生하면 甲은 亥에 장생하니 즉 亥上이 이것이다.
- 子平云, 원성이 馬와 合하면 女子는 반드시 주로 私奔을 하니 궁구치
  않을 수 없다. 私奔: 바람피우는 것.

(15) 紅艶殺 : 日干上起

日干	甲	乙	丙	丁	戊	己	庚	辛	壬	癸
紅艶	午	申	寅	未	辰	辰	戌	酉	子	申

『命理正宗』

多情多慾少人知

多情多慾을 아는 사람 적으니,

六丙逢寅辛見鷄

丙이 寅을 만나고 辛이 酉를 보며

癸臨申上丁見未

癸가 申위에 임하고 丁이 未를 보며는

眉間眼笑樂嬉嬉

눈썹을 펴고 눈웃음 쳐 희희락락 하는 것을.

甲乙午申庚見戌

甲과 乙이 午와 申을 만나고 庚이 戌을 보면

世間只是衆人妻

세간에, 단지 뭇 사내의 마누라라네.

戊己伯辰壬向子

戊와 己는 辰이 두렵고 壬이 子로 향하면,

祿馬相逢作路妓

祿과 馬가 서로 만나 기생길로 들어서니

壬是富家官宦女

마땅히 부호나 관청의 환녀가 되거나,

花前月下會佳期

꽃 앞 달빛 아래 정인을 만나는구나.

(16) 流霞殺 : 日干上起(日干基準)

日干	甲	乙	丙	丁	戊	己	庚	辛	壬	癸
流霞	酉	戌	未	申	巳	午	辰	卯	亥	寅

命理正宗云, 男主他鄕死 女主産後亡.

남자는 타향에서 죽고 여자는 주로 산후에 죽는다.

(17) 五鬼殺 : 日干上起(日干基準)

日 干	(甲乙)木	(庚申)金	(壬癸)水	(丙丁)火 (戊己)土	
五 鬼	子 丑	丑 午	卯 辰	酉 戌	

『命理正宗』

男女命値此 都是守空房.

남녀의 명이 여기에 놓이면 모두가 공방을 지키더라.

(18) 懸針   * 懸:걸현, 달현

『命理正宗』

凡八字中 刑多拖脚 如懸針之狀者 卽是懸針殺 如甲申卯甲午之類 是也

무릇 팔자가운데 刑이 많고(글자모양이) 다리가 (삐쭉삐죽하게) 끌어

당겼으면 마치 침을 걸어 놓은 것과 같은 모양이니 이것이 현침살인

바, 예컨대 甲申, 甲午와 같은 유가 이것이다.

「秘訣云」, 懸針聚刃 可聽屠沽(팔고, 술장수고)

현침에 양인이 모이면 도축업에 종사하는 줄을 가히 듣겠다.

(19) 平頭

『命理正宗』

凡八字柱中 刑多平頭者 謂之平頭殺 如甲子·甲辰·甲寅·丙辰·丙戌·丙寅之
類 是也

무릇 팔자 가운데 刑이 많고 머리가 평평한 것을 평두살이라 하니
예컨대 甲子, 甲辰, 甲寅, 丙辰, 丙戌, 丙寅의 무리가 이것이다.

━━━━━━━━━▶ 平頭

甲 甲 甲 丙 丙 丙
子 辰 午 辰 戌 寅

(20) 呑陷

『命理正宗』

- 猪犬羊逢虎必傷

  돼지(亥) 개(戌) 양(未)이 호랑이(寅)를 만나면 반드시 상하고,

- 猴蛇相會樹頭亡

  원숭이(申)와 뱀(巳)이 서로 모이면 나무 꼭대기에서 죽고,

- 犬逢鷄子遭徒配

  개(戌)가 병아리를 만나면 徒配(徒刑을 과한 뒤에 다시 귀양을 보내는
  형벌)를 당할 것이요.(徒刑: 지금의 징역)

- 兎赶蛇歌走遠鄉(赶: 달릴간, 쫓을간)

  토끼(卯)가 달리고 뱀이 노래하면 먼 곳으로 달아나고.

- 鼠見犬須當惡死

  쥐(子)가 개(戌)를 보면 마침내 오사를 당한다.

- 馬牛逢虎定相傷

  말(午)과 소(丑)가 호랑이(寅)를 만나면 서로 상하기 마련인 것을.

● 兎猴逢犬難回避

　토끼(卯)와 원숭이(申)가 개(戌)를 만나면 회피하기 어렵고,

● 龍來龍上水中殃.

　용이 용(辰) 위에 오면 수중의 재앙이라.

(21) 勾神・絞神：年支 표준(勾: 구절구, 굽을 구)

年支	子	丑	寅	卯	辰	巳	午	未	申	酉	戌	亥
勾神	卯	辰	巳	午	未	申	酉	戌	亥	子	丑	寅
絞神	酉	戌	亥	子	丑	寅	卯	辰	巳	午	未	申

● 造微論云, 勾神疊於三刑 定是頻遭編配

　「조미론」에 이르기를, 구신에 三刑과 중첩되면 編配를 자주 당하게
　마련이다.

● 集說云, 命前四辰爲勾 命後四辰爲絞 如午生人酉爲勾 卯爲絞 若本日
　與歲運逢之 主災滯傷身 或退財勾連之事.

　「집설」에 이르기를, 명전 사신이 구신이요, 명후 사신이 교신이니
　예컨대 午생인이 酉가 구신, 卯가 교신이 된다. 만약 日이나 歲運에
　만나면 주로 재앙, 상신 혹은 퇴재 구련지사가 있다.

(22) 返吟・伏吟

年支	子	丑	寅	卯	辰	巳	午	未	申	酉	戌	亥
反吟	子	丑	寅	卯	辰	巳	午	未	申	酉	戌	亥
伏吟	午	未	申	酉	戌	亥	子	丑	寅	卯	辰	巳

書云, 返吟伏吟哭泣淋淋 不傷自己也 損他人 其法如子年生人 遇流年歲

君是子 卽爲返吟 如子年生人遇流年歲君是午 卽爲伏吟 餘皆例推

「書」에 이르기를, 반음 복음은 곡하고 눈물을 흘리는 것이 비오듯 하지만 자기가 아니고 타인을 잃어서 그런 것이다. 그 법은 자년생 인이 유년에 자년을 만나면 반음이요 자년생 인이 유년 세군이 오게 되면 복음이 된다. 나머지도 모두 이 예를 따른다.

古歌云, 伏吟之殺 不堪聞 運限如逢一例論 又云, 返吟不但害兒妻 家活 難成 卓立遲

「고가」에 이르기를, 복음의 살이 운이 한 가지 예를 만나는 것에 한하여 논하는 것을 감히 들을 수 없다. 또 이르기를, 반음은 다만 兒妻만 해하는 것이 아니고 家活이 이루기 어렵고 卓立이 지체된다.

(23) 刼殺 : 年支上起

年 支	寅 午 戌	巳 酉 丑	申 子 辰	亥 卯 未
刼 殺	亥	寅	巳	申

月刼殺 : 早別父母 雁行飛散

　　　　일찍 부모를 여의고 형제는 흩어진다.

日刼殺 : 荊宮所恨 生離死別

　　　　夫婦宮에 한이 되는 바는 생리사별이라.

時刼殺 : 如帶生官 名標御史

　　　　生과 官을 만나면 이름이 어사를 표방한다.

(24) 破軍 : 年支上起

年 支	寅午戌	巳酉丑	申子辰	亥卯未
破 軍	巳	申	亥	寅

- 三車一覽賦云, 亡劫往來 佛口蛇心之輩.

「삼거일람부」에 이르기를, 亡劫이 왕래하면 부처의 입에 뱀의 마음을 가진 무리이다.

又云, 破軍三重 必是徒流之輩.

또 이르기를, 파군이 세 번 거듭되면 반드시 徒刑되고 流刑될 무리이다.

- 古歌云, 命値官符 官事多 漫誇才智逞 嘍囉祖宗財物如山阜 也是漂流水上波 又云一位破軍 如口嘴 兩重生旺 主徒流 三重遇着須當絞 四位逢定斬頭.

  ※ 嘍囉(루라):도둑

「古歌」에 이르기를, 명이 관부에 놓이면 관사가 많고 재주가 넘쳐흐르지만 도둑맞음이 많고, 조종의 재물이 산처럼 많더라도 표류하는 물위의 파장이다. 또 이르기를 한 자리 파군은 구설재액이고 두 자리가 거듭 생왕이 되면 주로 徒刑이나 流刑이며 세 번을 거듭하면 絞首를 당할 것이며 네 자리에 만나면 斬頭될 것이다.

※ 네 자리에 파군이 될 수 있을까? 다만 유년에서 파군을 보는 것도 포함시키면 가능하다.

(25) 太白星 : 年支上起

年 支	子午卯酉	寅申巳亥	辰戌丑未	年支 또는 日支
太 白	巳	酉	丑	

『命理正宗』

主孤夭貧賤殘疾徒配.

주로 고독하고 요절하며, 빈천하고 殘疾이 있고 徒配를 당한다.

(26) 斧劈 斧:도끼부, 劈:뻐갤벽, 천둥벽

年 支	子午卯酉	寅申巳亥	辰戌丑未	年支 또는 日支
斧 劈	巳	酉	丑	

『命理正宗』

主破財刑沖等項.

주로 파재하고 형충등….

(27) 衝天殺

『命理正宗』

解曰生日對時人壽短

生日이 生時와 대립하면 목숨이 짧고

年生月對壽不長

年과 生月이 대립하면 목숨이 길지 않으니

此時五行衝天殺

이것은 五行 충천살이다.

有人此值少年亡

사람이 여기에 두게 되면 소년으로 죽는 법,

生日對生時生時對生命是也

생일과 생시가 마주서고 생시와 명이 마주하는 것이 이것이다.

(28) 三坵·五墓

生月	春	夏	秋	冬
三坵	丑	辰	未	戌
五墓	未	戌	丑	辰

『命理正宗』

三坵五墓得人愁 爺娘妻子盡不周

※ 坵:丘의 속자. 언덕, 무덤.

삼구오묘는 사람이 근심을 얻고 父母妻子 두루 다하지 못한다.

(29) 隔角 : 日時上起之

年支	子	丑	寅	卯	辰	巳	午	未	申	酉	戌	亥
격각	寅	卯	辰	巳	午	未	申	酉	戌	亥	子	丑

心鏡賦云, 夾角相逢犯歲君 徒流定分明

「심경부」에 이르기를, 夾角이 서로 만나고 세군(유년)을 범하면 徒流刑을 당할 것이 분명하다.

※ 隔角을 夾角이라고도 한다.

제3장

命理正門

一. 天干地支論(『滴天髓』)

1. 天幹論

五陽皆陽丙爲最오　五陰皆陰癸爲至며
五陽從氣不從勢오　五陰從勢無情義니라.
(陽干)　　　　　　(陰干)

任鐵樵가 말하기를, 丙은 곧 순양(純陽)의 火인데, 만물이 이에 말미암아 발하고 이를 얻어 수렴하지 않은 것이 없다. 癸는 곧 순음(純陰)의 水인데, 이에 말미암지 않고는 生할 수도 없고 茂할 수도 없다. 양이 궁극이 되면 음이 生하기 때문에 丙辛이 화해서 水가 된다. 음이 극에 이르면 양이 生하기 때문에 戊癸가 化해서 火가 된다. 陰陽이 상제(相濟)하여 만물은 生生의 妙가 있는 것이다.(濟:助也)

무릇 十干의 氣는 그것을 先天으로 말하면 따라서 一原에서 同出하는 것이고, 그것을 後天으로써 말하면 또한 一氣가 상포(相包)하는 것이다. 甲乙은 다같이 木이요, 丙丁은 다같이 火이며, 戊己는 다같이 土이다. 庚辛은 다같이 金이며 壬癸는 다같이 水이다. 즉 분별해서 쓰는 바는

陽剛(양강)과 陰柔(음유), 陽健(양건)과 陰順(음순)일 뿐이다. 은밀하게도
괴이한 命家들이 歌賦를 지어서 倫序를 잃은 데 견주겠거니와 마침내
甲木은 梁棟(양동), 乙木은 花果, 丙은 太陽, 丁은 燈燭, 戊는 城牆(성장),
己는 田園(전원), 庚은 頑鐵(완철), 辛은 珠玉(주옥), 壬은 江河, 癸는 雨露
(우로)가 된다고 하여, 서로 좇은(相沿) 지 오래어 굳어져서(牢) 가히
깨뜨릴 수가 없게 되어, 命을 논하는 데 쓰임이 참으로 큰 오류이다.

　이를테면, 甲木이 뿌리가 없으면 死木, 乙이 뿌리가 있으면 活木이라
하여 같은 이 木을 같이 生과 死로 나누어 어찌 양목이 홀로 死氣를
품수 받으며 陰木이 홀로 생기를 품수 받겠는가? 또 이 活木은 물이
범람함을 두려워 하지만, 死木은 물이 범람함을 두려워하지 않는다 하나,
活木마저 漂流한다 하는데 어찌하여 마른 뗏목(枯槎)이 도리어 고정한다
하는가? 모든 天干을 논단(論斷)해서, 이와 같은 것들은 하나도 족한
것이 아니니, 마땅히 그것을 모두 열어젖혀 써 장래의 오류를 끊으려
한다.

　任氏가 말한다. 五陽은 氣가 열려 있어 光亨한 象이므로 살피기 쉽고,
五陰의 氣는 오물려 있어 서린 것(縕)을 포함하니 관측하기 어렵다. 오양의
性은 강건하여 財와 殺을 두려워하지 않고 측은히 여기는 마음이 있어
그 처세가 구차하지 않지만, 오음은 性이 유순하여 形勢를 봐서 의(義)를
망각하여 비린(鄙吝)한 마음이 있고 그 처세에는 교만하고 아첨한다.
이것이 柔로써 능히 剛을 제압하고 剛은 柔를 능히 극제할 수 없는 것이다.
대체로 利를 좇아 義를 잊는 무리들은 모두 음기가 어그러지게 하는
것이다. 豪俠하고 慷慨한 사람은 모두 양기가 홀로 모인 것이다(獨鍾).
그러나 아직도 양 중에는 음이 있고, 음 중에는 양이 있으며, 또 陽外陰內와

陰外陽內를 또한 마땅히 분변해야 한다. 陽中의 陰은 밖은 仁義이나 안은 간사(奸詐)하고, 陰中의 陽은 밖은 兇險하지만 안은 仁慈하다. 陽外陰內한 것은 나쁜 마음(禍心)을 포장(包藏)하고, 陰外陽內한 자는 곧은 도(直道)를 견지하니 이것은 인품의 실마리이다. 반드시 써 분변하지 않을 수가 없다. 요점은 기세의 順正에 있다. 四柱五行이 고르게 머물고(停勻) 편벽되고 치우치지 않기를 바라는 것이니 만약, 사람에게 利己之心을 덜게 하지 못한다면 무릇 지신(持身)하고 섭세(涉世)하는 도는 반드시 먼저 사람을 알고 좇고, 피해야 하는 것이다. 그러므로 그 착한 사람을 택하여 좇는다(擇其善者而從之)란 곧 이 뜻이다.

1) 甲木

甲木參天(갑목참천)에 脫胎要火(탈태요화)요

春不容金(춘불용금)이며 秋不容土(추불용토)요

火熾乘龍(화치승룡)이며 水蕩騎虎(수탕기호)요

地潤天和(지윤천화)하면 植立千古(식립천고)니라.

甲木은 하늘에 참여하여 탈태하려면 火를 요하고,

봄에는 金을 수용하지 않고 가을에는 土를 수용하지 않는다.

불이 타오르면 용을 타고, 물이 넘치면 호랑이를 탄다.

땅이 윤하고 하늘이 화하면 천고에 우뚝하리라.

○갑목참천 탈태요화(甲木參天 脫胎要火)

"甲木은 하늘에 끼어들어 뻗어나려면 火가 필요하다."

갑목은 순양의 木으로서 체질이 본디 견고하고 하늘에 참여하는 기세이고 극이 웅장하다. 초봄의 잔한이 채 가시지 않은 1월에 나게 되면 木氣는 아직 어리고 천기는 차가우니 火氣를 얻어야 발영(發榮)한다.

○춘불용금(春不容金)

"봄에는 금을 받아드리지 않는다."

木이 중춘(仲春)에 나면 극왕한 세력이니 마땅히 그 청영(菁英)함을 洩(설기)해야 하는 바, 이른바 강한 木이 火를 얻으면 그 완(頑)함을 변화시킨다고 하는 것이다. 그러나 金은 휴수를 만났는데 쇠약한 金으로 왕목을 극하려 하면, 木은 견고하고 金은 약하므로 기세는 반드시 그러하니 그래서 봄에는 金을 받아드리지 않는다는 것이다.

○추불용토(秋不容土)

"가을에는 토를 받아드리지 않는다."

木이 가을에 生하면 실시(失時)하고 쇠약하여 다만 지엽이 비록 조락하고 점차 드물게 되지만 근기(根氣)는 도리어 수렴해서 아래로 달(達)하니 剋을 받는 것은 土이다. 가을 土가 金을 生하여 설기(洩氣)하니 가장 비고 얇을 때이다. 허한 기운의 土로써 아래에서 공략하는 木을 만나니 木의 뿌리를 능히 배양치 못하고 반드시 도리어 그 경함(傾陷)함을 조우한다. 그러므로 가을에는 土를 받아드리지 않는다.

○화치승룡(火熾乘龍)

"火가 치열하면 용을 탄다."

사주 가운데 寅午戌(화국)이 온전한데, 天干에 다시 丙丁이 투출하면

설기가 지나칠 뿐만 아니라 木까지 태워지게 된다. 마땅히 辰에 앉을
것이다. 辰은 水의 庫이니 그 土는 습해서 습토는 능히 木을 生해서
火를 洩하니 이른바 火가 치열하면 龍을 탄다는 것이다.

○ 수탕기호(水蕩騎虎)

사주에 申子辰(수국)이 온전한데 또 壬癸가(天干으로)투출하면 水가
범람해서 木이 뜬다. 마땅히 寅에 앉아야 한다. 寅은 곧 火土의 生地이며
木의 祿旺이니 능히 水氣를 받아드리어서 범람하게 되지 않는다. 이른바
水蕩騎虎라는 것이다.

○ 지윤천화 식립천고(地潤天和 植立千古)

"땅이 윤하고 천이 화하면 천고에 우뚝하다."

만약 金이 예리하지 않고, 土가 메마르지 않고, 水가 광란하지 않는다면
천고에 우뚝 서서 장생을 얻지 못하겠는가?

　2) 乙木

乙木水柔(을목수유)나 刲羊解牛(규양해우)하니 懷丁抱丙(회정포병)하면
跨鳳乘候(과봉승후)요 虛溼之地(허습지지)에 騎馬亦憂(기마역우)며
藤蘿繫甲(등라계갑)하면 可春可秋(가춘가추)니라.

刲:(베다, 뼈개다) : 刲宰(요리)/ 解 : 割牛 ※판본에 따라 刲를 掛로
표기한 것 도 있음.(刲: 掛)

乙木이 비록 부드러우나 양을 찌르고 소를 쪼개니 丁을 품고 丙을

안으면 봉황을 걸터타고 원숭이를 탈 것이요. 비록 습한 땅에 말을 타도 역시 근심스럽고 등나무 넝쿨이 甲을 얽어매면 봄도 괜찮고 가을도 괜찮다.

任鐵樵가 이르기를, 乙木은 甲木의 바탕으로 甲의 生氣를 이은 것이다. 봄에는 桃李 같아서 金이 극하면 시들고, 여름에는 禾稼(벼)와 같아서 水가 습하면 生을 얻고, 가을에는 桐桂와 같아서 金이 왕하니 火가 제해야 하고, 겨울에는 奇葩(기이한 꽃)와 같아서 火가 습토를 북돋우어야 한다. 봄에 나면 火가 마땅한 것은 그 발영(發榮)함을 기뻐함이요, 여름에 나면 물이 마땅한 것은 땅의 메마름을 윤기 있게 함이며, 가을에 나면 불이 마땅한 것은 그것(불)이 金을 극하게 함이요 겨울에 나면 화가 마땅한 것은 하늘의 언 것을 풀기 위함이다.

'규양해우'(刲羊解牛)라는 것은 丑未月에 나거나 혹은 乙未 乙丑月에 난 것을 말하는 것이니, 未는 木庫이니 써 蟠根(반근:뿌리가 서림)할 수 있고, 丑은 곧 습토이니 가히 써 氣를 받을 수 있다.

'회정포병'(懷丁抱丙)과 '과봉승후'(跨鳳乘候)라는 것은 申酉月에 나거나 혹은 乙酉日에 나서 丙丁이 天干에 투출하면 水가 火와 서로 싸우지 않아 金을 제화(制化)함이 적절해지니 金이 강하고 허하고 습한 곳을 두려워하지 않는다는 것이다.

'기마역우(騎馬亦憂)'라고 하는 것은 亥子月에 나서 四柱에 丙丁이 없고 또 戌未 조토(燥土)도 없으면 年支에 午가 있더라도 또한 발하고 생하기 어렵다는 것이다.

'등라계갑 가춘가추(藤蘿繫甲可春可秋)'라고 하는 것은, 天干에 甲이 투출하고, 地支에 寅이 숨으면 이것이 蔦蘿(조라: 겨우살이)가 송백에 매여 있는 것을 이름이니, 봄에는 확실하게 도움을 얻고, 가을에도 또한

붙들어 주니 고로 이르기를 可春可秋라 한다. 사계절 모두에 괜찮은
것을 말한다.

　3) 丙火
　丙火猛烈(병화맹렬)에 欺霜侮雪(기상모설)하나니
　能煆庚金(능단경금)하고 逢辛反怯(봉신반겁)하며
　土衆成慈(토중성자)하고, 水猖顯節(수창현절)하며
　虎馬犬鄉(호마견향)에 甲木若來(갑목약래)면
　必當焚滅(필당분멸)이니라.
　[一本作 虎馬犬鄉 甲來成滅(일본작 호마견향 갑래성멸)]

　任氏가 말하기를, 丙은 곧 순양(純陽)의 火이니 그 세가 맹렬하여 서리를
깔보고 눈을 업신여기며 추위를 없애고 해동하는 공이 있다고 했다.
能煆庚金(능히 庚金을 단련함)은 강포(强暴)한 것을 만나도 극벌하는
것이다. 逢辛反怯(辛을 만나면 도리어 겁을 낸다)은 유순(柔順)에 합해서
和平이 깃들이는 것이다. 土衆成慈(土가 많으면 자혜를 이룬다)는 下를
능멸하지 않음이요, 水猖顯節(수가 창광하면 절조를 드러낸다)은 上을
끌어당기지 않음이라. 虎馬犬鄉이란 地支가 寅午戌에 앉아서 火의 기세가
이미 지나쳐 맹렬한데 만약 甲木이 來生(와서 생하다)하면 焚滅에 이른다.
　이에 말미암아서 그것을 논한다면, 그 위세를 洩해야 하니 마땅히
己土를 쓰고, 그 불꽃을 막을 것이니 壬水가 필요하다. 그 성을 순화시키려
면 도리어 辛金이 마땅하고, 己土는 비습(卑濕)한 체이니 능히 元陽의
기를 거두어 드리고, 戊土는 고조해서 丙火를 보면 초탁(焦坼:타서 버려진
다)한다. 壬水는 강중(剛中)의 덕이 있어 능히 폭렬한 火를 제압하고

癸水는 음유해서 丙火를 만나면 말라 버린다. 辛金은 유연한 것이어서 드러나게는 합해서 서로 친하고, 암암리에는 水로 화해서 상제(相濟)하지만, 庚金은 강건해서 강이 또 강을 만나면 勢不兩立(세불양립)이니, 이런 것들이 비록 五行을 들어 논하지만 그러나 世事人情이 어찌 그러하지 아니 하겠는가?

　4) 丁火
　丁火柔中(정화유중)에 內性昭融(내성소융)하니
　抱乙而孝(포을이효)하고 合壬而忠(합임이충)하며
　旺而不烈(왕이불렬)하고 衰而不窮(쇠이불궁)하며
　如有嫡母(여유적모)하면 可秋可冬(가추가동)이니라.

丁火는 유중(三離이기 때문)하여 내성이 빛나고 밝으니(融) 乙을 안으면 효성스럽고 壬과 합하면 충성스러우며 왕해도 맹렬하지 않고 쇠해도 궁색하지 않으며 인수만 있다면 가을도 괜찮고 겨울도 좋다.

任氏가 이르기를 丁은 등촉(燈燭)이라 하는 것은 틀렸으니 丙火와 비교하면 柔中할 따름이다. 內性昭融이라고 하는 것은 文明한 象이요, 抱乙而孝란 辛金이 乙木을 상하게 하지 않은 것을 밝힌 것이다. 合壬而忠이란 암암리에 戊土로 하여금 壬水를 상하게 하지 못하도록 함이다. 오직 그 柔中한 연유로 太過하거나 不及하는 폐단이 없고 비록 때는 乘旺(승왕)하더라도 혁혁한 불꽃(赫炎)에 이르지 않고 때가 쇠에 처해서도 熄滅(식멸)에 이르지 않는다. 天干에 甲乙이 투출하면 가을에 生하여도 金이 두렵지 않고, 地支에 寅卯를 갈무렸으면 겨울에 태어나도 물을

꺼리지 않는다. 이와 같이 任씨는 적모(嫡母)에 甲乙 모두를 포함했으나,
劉基는 注하기를 "정화가 가을과 겨울에 태어나 하나의 甲木을 얻으면
거기에 의지해 소멸하지 않고 불꽃이 무궁토록 이어진다."라고 하여 甲木
하나에 제한했다.

5) 戊土
戊土固重(무토고중)에 旣中且正(기중차정)하니
靜翕動闢(정흡동벽)에 萬物司命(만물사명)하고
水潤物生(수윤물생)하며 土燥物病(토조물병)이요
若在艮坤(약재간곤)하면 怕沖宜靜(파충의정)이니라

戊土는 단단하고 무거우며 中하고 正하니, 靜하면 닫고 動하면 열어서
만물의 命을 맡았으며, 물이 적시면 萬物이 生하고, 흙이 燥하면 만물이
病이 들며, 만약 艮과 坤(艮:寅, 坤:申)에 있으면 충이 두려우며 고요함이
마땅하다.

劉基注. 戊土는 성장(城牆)이나 제안(隄岸)을 말하는 것은 아니다. 己와
비교하면 戊는 특히 高厚하고 강조(剛燥)하며 己土가 발원하는 땅이다.
中氣를 얻고 도 正大하다.

任氏注. 戊土는 양토여서 그 氣가 固重하고 중에 居하고 正을 얻었다.
春夏에 기가 움직여 열리면 生이 발하고 秋冬에는 氣가 고요하여 닫히면,
거두어 갈무리 한다. 그러므로 만물의 사명(司命:命을 맡다)이 된다. 그
氣는 고후(高厚)해서, 春夏에 生하여 火가 旺하면, 마땅히 水가 그것을

적셔 주면 만물이 발생하고, 메마르면 만물이 고사하고, 秋冬에 나서
물이 많으면 마땅히 火가 그것을 따뜻하게 하면 만물이 화성한다. 습하면
물이 병들어 버린다. 艮坤이라고 하는 것은 寅申日이니 또한 靜함을
기뻐하고 沖함을 꺼린다. 또 四季月에 생하면 庚辛申酉金을 가장 기뻐하는
바, 수기(秀氣)가 유행(流行)하니 귀격이 되게 마련이다. 己土도 또한
그러하니, 만약 사주 가운데 木火를 보거나, 運에서 만나면 破하게 된다.

6) 己土
己土卑濕(기토비습)에 中正蓄藏(중정축장)하니
不愁木盛(불수목성)이요 不畏水狂(불외수광)이며
火少火晦(화소화회)하고 金多金光(금다금광)하며
若要物旺(약요물왕)이면 宜助宜幇(의조의방)이니라.

己土는 낮고 습하며 中正하고 쌓고 갈무리하니 木이 성하는 것을 근심하
지 않고 물이 광란해도 두렵지 않으며 불이 적으면 불이 어둡고, 金이
많으면 금이 빛나며 物이 왕성하려면 마땅히 도와야 한다.

劉基注. 己土는 박(薄)하고 연(軟)하고 습하니 곧 戊土의 지엽(枝葉)의
땅이다. 또한 中正하고 능히 만물을 축장(蓄藏)한다. 柔土가 능히 木을
생해서 木이 능히 극하는 바가 아니다. 그러므로 不愁木盛이다. 土가
깊으면 능히 물을 수납할 수 있으니 물이 능히 표탕할 바가 아니다.
그러므로 不畏水狂이다. 뿌리 없는 火는 습토를 능히 생할 수 없다. 그러므
로 火가 적으면 화가 도리어 어둡다한 것이다. 습토는 능히 金氣를 윤나게
한다. 그러므로 金이 많으면 金이 빛난다. 도리어 淸瑩(청영:맑고 밝음)함

을 볼 수 있다. 이것이 함이 없으면서 함이 있는 妙用이다. 만약 만물이 충만하고 성하고 길어지고 旺하려면 오직 土의 기세가 단단하고 무거워야 하며 또 火가 따뜻하고 조화로워야 바야흐로 가능하다.

任氏注. 己土는 음습한 土이다. 中正蓄藏하고 八方을 꿰고 四季에 왕하다. 습기가 있어 生生不息하는 묘한 작용이 있다. 不愁木盛이라고 하는 것은 그(己)性이 柔和해서 木을 도와서 培養하니 木이 剋하지 않는다. 不畏水狂이란 것은 그 체가 발라서(端凝) 水를 얻으면 수납해서 갈무리하니 水와 沖하지 아니한다. 火少火晦라고 하는 것은 丁火이다. 陰土는 능히 화를 수렴하니 火가 어두워진다. 金多金光이라고 하는 것은 辛金이다. 습한 土는 능히 金을 生하니 윤기 나는 金이다. 주중(柱中)에 土氣가 깊고 확고하며 또 丙火를 얻으면 음습한 기를 제거해서 다시 족히 써 만물을 자생(滋生)하는 바 이른바 宜助宜幫이란 것이다.

7) 庚金
庚金帶殺(경금대살)에 剛健爲最(강건위최)하니
得水而淸(득수이청)하고 得火而銳(득화이예)하며
土潤則生(토윤즉생)하고 土乾則脆(토건즉취)하며
能嬴甲兄(능리갑형)하고 輸於乙妹(수어을매)니라.

庚金은 살을 띠고 강건함이 최고이니. 水를 얻으면 淸하고 火를 얻으면 銳利하며 土가 적으면 生하고 土가 건조하면 부스러지며, 능히 甲兄(甲은 天干의 첫 번째이므로 兄이라 했다)을 약하게 하고 乙妹에서 깨어진다.(甲은 庚에 대하여 兄이라면 乙은 妹가 된다고 보고 있다.)

劉基注. 庚金은 하늘의 太白星으로 살을 띠고 강건하다. 建해서 물을
얻으면 기가 흘러 맑고, 강해서 火를 얻으면 기가 순수해서 예리하다.
물이 있는 흙은 능히 그 生을 온전케 하고, 火가 있는 흙은 능히 그것(庚)으로
하여금 취약(脆弱)하게 한다. 甲木이 비록 강(强)하지만 힘(庚)이 그것을
치고(伐), 乙木이 비록 柔하지만 합하면 庚이 약해진다.

任氏注. 庚金은 가을의 숙살(肅殺)하는 기로써 강건함이 으뜸이다.
得水而淸이라고 하는 것은 壬水이다. 壬水가 生해서 강하고 肅殺하는
기를 이끌어 통하게 하니 곧 사나운 것을 담그어서(淬厲:쉬려), 맑고
빛남(晶瑩)을 깨닫는다. 得火而銳라고 하는 것은 丁火이다. 丁火는 음유해
서 庚金과 더불어 적대하지 않고, 잘 녹여서 드디어 劍戟(검극:칼과 창)을
이루는 것인바, 洪鈞(홍균:조물주)의 화로가 단련하여 때로 무기와 과녁을
드러낸다. 春夏에 나면 그 기가 초약(稍弱)해서 辰丑 습토를 만나면 生하고,
未戌의 조토(燥土)를 만나면 부스러진다. 甲木이 正敵이나 힘이 능히
그것(甲)을 치고, 乙과 더불어 합하면 전(轉)하여 有情함을 깨닫는다.
乙은 庚과 죄다 합해서 暴强함을 도우지는 않고, 庚 또한 乙과 다 합해서
도리어 약해지지는 아니 한다. 마땅히 상세히 그것을 분변할 것이다.

　8) 辛金
　辛金軟弱(신금연약)에 溫潤而淸(온윤이청)하니
　畏土之疊(외토지첩)(或作多)하고 樂水之盈(요수지영)하며
　能扶社稷(능부사직)하고 能救生靈(능구생령)하며
　熱則喜母(열즉희모)하고 寒則喜丁(한즉희정)하니라.

辛金軟弱하나 溫潤하고 맑으니 土의 중첩을 두려워하고 수의 가득
참을 좋아하며, 능히 사직을 붙들고 능히 生民(백성을 뜻함)을 구하며
뜨거우면 어머니(己土)를 기뻐하고 추우면 丁火를 기뻐한다.

劉基注. 辛은 음금이니 珠玉을 이르는 것이 아니다. 무릇 온윤하고
청윤한 것은 모두 辛金이다. 戊己土가 많으면 매몰되니 그래서 두려워한
다. 壬癸水가 많으면 반드시 빼어나니 그래서 그것을 좋아한다. 辛은
丙의 신하인데 丙과 합해서 水가 되어 丙火로 하여금 壬水에 신복케
해서 사직을 편안하게 돕는다. 辛은 甲의 君인데 丙과 합해서 水가되어
丙火로 하여금 甲木을 타버리지 않게 해서 백성을 구원해 낸다. 여름에
나서 己土를 얻으면 능히 火를 사위게 하여 존립하고, 겨울에 나서 丁火를
얻으면 능히 추위에 대적해서 기른다. 그러므로 辛金이 冬月에 나서
丙火를 보면 남명(男命)은 不貴하니, 비록 貴를 얻는다 해도 不忠하다.
女命이면 剋夫하고 그렇지 않으면 또한 화목하지 못하다. 丁을 보면
男女 모두 貴하고 順(운세가 순행)하다.

任氏注. 辛金은 곧 인간의 다섯 가지 금붙이이기 때문에 맑고 윤택함을
볼만하다. 畏土之疊이란 戊土가 太重해서 水를 고갈시키고 金을 묻어
버리는 것을 말하고, 樂水之盈이란 壬水가 남음이 있어 土를 적셔서
金을 기르는 것이다. 辛은 甲의 君이다. 丙火가 甲木을 태워버리지만
합해서 水가 되어, 丙火로 하여금 甲木을 태우지 못하게 하니 도리어
相生之象이 있다. 辛은 丙의 臣이다. 丙火가 능히 戊土를 生하는데, 辛이
丙과 합해서 水가 되면 丙火로 하여금 戊土를 生하지 않게 하니 되레
相助하는 美德이 있다. 어찌 사직을 붙들고 백성(生靈)을 구하는 것이

아니겠는가! 여름에 나서 火가 많은데 己土가 있으면 火를 사위게 하여
金을 생하고, 겨울에 나서 水가 旺하니 丁火가 있으면 습한 水가 金을
기른다. 이른바, 熱하면 母를 좋아하고, 寒하면 丁을 좋아한다는 것이다.

9) 壬水

壬水通河(임수통하)에 能洩金氣(능설금기)하니

剛中之德(강중지덕)이 周流不滯(주류불체)오

通根透癸(통근투계)하면 沖天奔地(충천분지)하고

化則有情(화즉유정)하며 從則相濟(종즉상제)니라.

壬水는 銀河에 통하고 능히 金氣를 설하니 강중한 덕이 두루 흘러
막힘이 없고, 뿌리를 통하고 癸가 투출하면 하늘에 용솟음치고 땅에
분류(奔流)하며, 화하면 유정하고 從하면 서로 돕는다.

劉基의 注

壬水는 즉 癸水의 발원(發源)으로 곤륜(崑崙)의 水이다. 癸水는 壬水가
돌아가서 자는 곳(歸宿:곧 귀착)이니 부상(扶桑)의 水이다. 分도 있고
合도 있어 운행하여 쉬지 않으니 百川이 되는 까닭, 또한 우로(雨露)가
되는 까닭이 이것이다.

이것은 갈라져서 둘이 될 수 없다. 申은 天의 관문(天關)이니 하늘강(天
河)의 입이다. 壬水가 여기에 長生하며 능히 西方의 金氣를 洩한다. 周流하
는 성품은 점점 나아가 막히지 않으니, 강중(剛中)의 덕(☵)은 그와 같다.
만약 申子辰이 온전하고 또 癸가 투출하면 그 기세가 沖奔해서 가히
막을 수 없다. 東海가 본디 天河에서 발단(發端)하여 매번 물난리를 이루는

것과 같다. 만약 命 중에 그것을 만나고 財官이 없다면 그 화는 마땅히 어떠하겠는가? 丁과 합해서 木이 되어 또 丁火를 生하면 有情하다 말할 수 있다. 능히 丙火를 제압해서 丙이 丁의 사랑을 빼앗지 못하게 한다. 그러므로 夫가 義롭고 君이 仁하다. 여름에 나면 巳午未 가운데의 火土의 氣가 壬水가 薰蒸(훈증:찌는 듯이 무더운)함을 얻어 雨露를 이룬다. 그러므로 비록 火土를 좇으나 相濟(서로 두움)하지 않는 게 아니다.

任氏注. 壬은 양수인바, 河에 통한다고 하는 것은 즉 천하(天河:銀河)이다. 申에 長生하니 申은 天河의 입이요 또 坤方에 있으니, 壬水가 坤方을 生하여 능히 西方의 숙살(肅殺)하는 기운을 洩하니 剛中의 德이 되는 까닭이다. 百川之源으로서 주류불체(周流不滯)하니 나아가기는 쉽고 물러나기는 어렵다. 申子辰이 구전하고 또 癸가 투출하면 그 기세가 범람(氾濫)하여 설사(縱) 戊己土가 있다고 하더라도 역시 그 흐름을 막을 수 없으니, 만약 억지로 제지하려들면 도리 충격(沖激)해서 물난리를 이루게 되는바, 마땅히 木을 써서 그것을 洩하게 하여 그 기세에 순응하여 충분(沖奔:沖激:용솟음 치고 격랑이 이는 것)에 이르지 않게 해야 한다. 丁과 합하면 木이 되어 또다시 능히 火를 生하니 不息의 묘인 바, 이것이 化則有情이다. 四五六月에 나면 柱中에 火土가 어울러 旺하니 별달리 金水가 서로 도움이 없이 火가 旺해서 天干에 투출하면 從火하고, 土가 旺해서 天干에 투출하면 從土하니 조화하고 윤택하여 그래서 相濟(서로 돕다)하는 공이 있다.

10) 癸水
癸水至弱(계수지약)이나 達于天津(달우천진)하니

得龍而運(득룡이운)하면 功化斯神(공화사신)에
不愁火土(불수화토)요 不論庚辛(불론경신)하고
合戊見火(합무견화)하면 化象斯眞(화상사진)이니라.

癸水는 지극히 약하지만, 天津(은하의 한 중간 별)에 다다르고 용을
얻는 운이 되면 공은 화하는 신이 되니 火土를 근심하지 않고, 庚辛을
논하지 않으며, 戊와 합해서 火를 보면 화격을 이루는 것이 참되다.
劉基의 말은 이러하다.

癸水는 곧 음의 순수한 것으로서 지극히 약하기 때문에 扶桑(동해바다
해 뜨는 곳에 있는 뽕나무, 곧 해뜨는 곳)에 있는 약한 물이다. 天을
따라 운행하고 용을 얻어 구름과 비를 이루니 이에 능히 만물을 윤택하게
하니, 功化斯神이다. 대저 주중에 甲乙寅卯가 있으면 모두 水氣를 움직인
다. 木을 생하고 火를 제재하며 윤토양금(潤土養金)하면 바로 貴格이다.
火土가 비록 많으나 두려워하지 않음이 庚金에 이르면, 그 生을 힘입지
않으니 또한 그 많음을 꺼리지 아니한다. 오직 戊土와 合하여 火가 되는
것은 어째서인가? 戊는 寅에 生하고, 癸는 卯에 生하니 모두 東方에 속한다.
그러므로 능히 火를 生하니 이것은 확실히 같은 말이다. 땅이 東南에
가득하지 않음을 모르는 것이니, 戊土의 극처(極處)는 즉 癸水의 진처(盡
處)인 것이니 곧 태양이 뜨는 방위이다. 그래서 火로 화한다. 무릇 戊癸가
丙丁이 투출한 것은 쇠하고 왕하고를 따지지 않고 가을과 겨울에는 모두
능히 火로 화하니 가장 참된 것이 된다.

任氏注. 癸水는 우로(雨露)의 물이 아니다. 바로 순음의 水이다. 발원(發
源)이 비록 길고 그 성품이 극히 약하지만 그 기세는 가장 고요하니,
능히 흙을 적시고 金을 기르며 만물을 발육하고 용을 얻는 운이 되면

변화를 헤아리기 어렵다. 이른바 용을 만나면 化한다고 하는 것은 즉 용은 辰이다. 용이 능히 변화한다는 것은 참이 아니다. 辰을 얻으면 化한다는 것은 化辰(화하는 地支)의 원신(原神)이 발로(發露)하는 것이다. 무릇 十干이 辰의 자리를 만나면 반드시 天干에 化神이 투출하나니, 이는 一定해서 바꿀 수 없는 이치이다.

不愁火土라는 것은 지극히 약한 품성이 火土를 많이 보면 從化한다는 것이다. 不論庚辛이라는 것은 약한 水가 능히 金氣를 洩할 수 없어서 이른바 金이 많으면 도리어 濁해진다(金多反濁)는 것이, 癸水가 바로 이러하다. 合戊見火라는 것은, 음이 극에 이르면 양이 生하는 것을 이름이니, 戊土가 燥하고 厚해서 柱中에 丙火가 透出하게 되면 化神을 끌어내게 되니 이것이 참이 된다. 만약 가을 겨울의 金水旺地에는 설사 地支가 辰龍을 만나고 天干에 丙丁이 투출하더라도 또한 종화(從化)하기 어려우니 마땅히 자세히 살펴야 한다.

2. 地支論

陽支動且强(양지동차강)에 速達顯災祥(속달현재상)이요
陰支靜且專(음지정차전)에 否泰每經年(비태매경년) 이니라

陽의 地支는 동하고 또 굳세어서 재앙과 복을 나타냄이 빨리 이르고, 陰의 地支는 조용하고 외곬이어서 비색하고 통태함이 매번 여러 해를 지나야 나타난다.

劉基의 注

子 寅 辰 午 申 戌은 양이다. 그 품성은 動하고 그 기세는 굳세다. 그 피어남은 아주 속하고, 그 재앙과 복은 지극히 현저하다. 丑 卯 巳 未 酉 亥는 음이다. 그 품성은 고요하고 그 기세는 홑지고, 그 피어남은 빠르지 않아서 비색하고 통태한 증좌(驗)가 늘 여러 해를 지난 뒤에 나타난다.

任鐵樵의 注

地支에 子로부터 巳까지 陽으로 삼고, 午로부터 亥까지를 陰으로 삼는 것은, 이것은 冬至로부터 양이 生하고 夏至로부터 음이 生한다는 논리이다. 寅으로부터 未까지를 양으로 삼고 申으로부터 丑까지를 음으로 삼는 것은, 이것은 木火는 양이 되고 金水는 음이 되는 이론이다. 命家는 子 寅 辰 午 申 戌을 양으로 삼고, 丑 卯 巳 未 亥를 음으로 삼는다. 만약 子가 癸를 좇고 午가 子를 좇는다면 이것은 체는 양이면서 음을 쓰는 것이고, 巳는 丙을 좇고 亥는 壬을 좇는 다면 이것은 체는 음이면서 用은 양인 것이다. 분별하고 취용(取用)함에는 오직 강과 유, 건과 순의 이치가 天干과 다르지 않다. 다만 생하고 극하고 제재하고 동화(同化)하는 그 이치는 다단(多端)하다. 대게 一支가 혹은 二干 혹은 三干을 소장한 까닭이기 때문이다. 그러나 本氣를 主로 삼으니, 寅은 반드시 甲을 먼저하고 후에 丙에 미치며, 申은 반드시 庚을 먼저하고 후에 壬에 미치는 것이니 나머지 地支들도 모두 그러하다. 양지는 품성이 움직이고 강해서 길흉의 조짐이 항상 속하고, 음지(陰支)는 품성이 고요하고 약해서 화와 복이 대응하는 것이 비교적 늦다. 局에서나 運에 있어서나 이 의미로써 消하고 息한다.

生方怕動庫宜開(생방파동고의개)요　敗地逢沖仔細推(패지봉충자세추)며

생방은 충동함이 두렵고 패지가 충을 만나는 것은 자세하게 추리할 것이며.

劉基注

寅申巳亥는 生方이다. 충동을 꺼린다. 辰戌丑未는 四庫이다. 마땅히 沖하면 열린다. 子午卯酉는 四敗이다. 合을 만났으나 오히려 沖을 좋아하는 것은 차라리 生地에서 반드시 沖이 不可함과 같다. 沖을 만났으나 오히려 合을 좋아하는 것은 차라리 庫地에서 반드시 閉함이 옳지 않다는 것과 같다. 마땅히 자세하게 밝혀야 한다.

任鐵樵注

구설(旧說)에 이르기를, 金水는 능히 木火를 沖하나 木火는 능히 金水를 沖할 수 없다고 한다. 이 논리는 天干이면 타당하나 地支를 논하면 타당치가 않다. 대개 地支의 기는 많이는 專一하지 못하고 다른 기가 안에 감무리 되어 있다. 다른 氣가 권세를 타면 木火 또한 어찌 金水를 능히 沖할 수가 없겠는가? 生方怕動이란 것은 둘이 패하고 모두 상하는 것이다.

寅申이 沖하면 申中의 庚金이 寅中의 甲木을 극하고 寅中의 丙火가 미상불 申中의 庚金을 극하고 申中의 壬水는 寅中의 丙火를 극하고 寅中의 戊土는 미상불 申中의 壬水를 극하니 싸움과 극벌이 고요해지지 않는 까닭이다. 고의개(庫宜開)라고 하는 것은 그러나, 또는 마땅한 경우와 마땅치 않는 경우가 있으니 〈잡기장(雜氣章)〉 중에 밝혀 놓았다. 敗地逢沖仔細推란 子午卯酉가 專一한 氣이다. 金水를 쓰면 沖이 가하고 木火를

쓰면 沖이 불가하다. 그러니 또한 마땅히 活看할 것이니 하나로만 집착하
는 것은 옳지 않다. 혹시 춘하의 金水를 쓰면 金水의 기가 휴수(休囚)이고
木火의 기세가 왕상(旺相)하니 金水가 어찌 도리어 상하지 않겠는가?
마땅히 헤아리고 궁리[參究]할 것이니라.

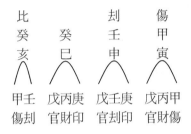

<pre>
比   刦 傷
癸   癸   壬 甲
亥   巳   申 寅
∧   ∧   ∧ ∧
甲壬 戊丙庚 戊壬庚 戊丙甲
傷刦 官財印 官刦印 官財傷
</pre>

庚己戊丁丙乙甲癸
辰卯寅丑子亥戌酉

　秋水가 源을 通해 있다. 金이 當令하고 水가 거듭거듭 있다. 木은
囚인데 沖을 만나서 用神으로 하기에는 부족하다. 火는 비록 休이나
요긴하게도 日支에 임했고 하물며 秋初에 火의 여기(餘氣)가 다하지 않았
으니 用神은 반드시 巳火에 있다. 巳亥가 逢沖하고 群刦이 紛爭하니,
그 까닭으로 해서 연달아 三妻를 극하고 無子하다. 겸하여 운이 北方水地
로 달리니 破耗가 비상함에 이르고, 戊寅己卯에 이르러서는 운이 東方으로
옮겨 用神이 마땅하게 됨을 기뻐하며 따뜻하고 배부를 수가 있다. 庚운이
상관을 제압하여 겁재(刦財)를 생하고 또 酉年을 만나니, 두 상관을 즐겨
用하니 不祿이라.

支神只以沖爲重(지신이충위중)이요　刑與穿兮動不動(형여천혜동부
동)이니라.

地支는 다만 沖을 가장 중하게 여기고 刑과 穿은 동도 있고 不動도
있다.

劉基의 注

沖이란 것은 반드시 상극이다. 四庫兄弟의 沖에 미치어서는 반드시
動하는 까닭이 있다. 刑과 穿의 사이를 말하자면 또한 相生相合이 있으니
동과 부동이 다른 까닭이다.

任鐵樵의 注

地支가 沖을 만난다는 것은 天干의 상극과 같다. 모름지기 그 강약과
희기(喜忌)를 봐서 그것을 논해야 한다. 四庫의 沖을 말하자면 또한 宜不宜
가 있다. 3月의 辰에서와 같이 乙木이 司令하고 戌을 만나 沖하면 戌中의
辛金이 역시 능히 乙木을 상하게 하고, 6月의 未에서 丁火가 司令하고
丑을 만나 沖하면, 丑中의 癸水가 또한 능히 丁火를 상한다. 생각건대,
3月의 乙 6月의 丁은 비록 退氣에 속하지만 만약 司令을 얻으면 마침내
가히 用神으로 할 수 있지만 沖하면 손상을 입어서 用神으로 하기에
不足하다. 이른바 묘고가 沖하면 발한다고 하는 것은 뒷사람들의 오류이
다. 墓란 분묘(墳墓)의 뜻이고, 庫란 木火金水를 거두어들이고 갈무리하고
뿌리를 묻는 곳이다. 비유컨대 氣를 얻은 분묘가 개동(開動)하여 발복하는
일은 있지 아니한 것과 같다. 木火金水의 天干이 地支에 寅卯巳午申酉亥子
의 록왕(祿旺)이 없이 전적으로 辰戌丑未의 신고(身庫)에 통근(通根)하고
있을 경우에 沖하면 뿌리가 죄다 뽑혀지는 것과 같이 충동(沖動)해서

강왕(強旺)해 지는 일은 있지 않다. 司令으로 쓰지 못하고 土를 희신(喜神)으로 삼을 경우에는 沖하면 유익하고 손해는 없다. 대저 土가 動하면 생기를 발한다. 刑의 뜻은 취할 바가 없다. 亥刑亥, 辰刑辰, 酉刑酉, 午刑午를 自刑이라고 하지만 本支가 本支를 보는 것을 본래 同氣라 이르는데 어찌 서로 刑하겠는가? 子刑卯, 卯刑子는 相生이라 이르는데 어찌 써 相刑인가. 戌刑未, 未刑丑은 모두 本氣인데, 다시 刑이라 함은 부당하다. 寅刑巳 역시 相生이다. 寅申相刑은 이미 沖인데 어찌해서 반드시 두 번 刑하는가. 또 이르기를 子卯가 一刑이요, 寅巳申이 二刑이요, 丑戌未가 三刑이다. 그래서 三刑이라 칭한다라고 하고, 또 自刑이 있으니 이것은 모두 속유(俗儒)가 그렇게 한 것이다. 穿은 곧 害이다. 六害는 六合에서 由來하는데, 我合을 沖하는 神이다. 그래서 害라 한다. 마치 子合丑인데 未가 丑을 沖하고, 丑合子에서 午가 子와 沖하는 유이다. 子未의 害는 단지 상극이고, 丑午寅亥의 害는 바로 相生인데 어찌 써 害가 되는가. 刑조차 이미 믿을 만 하지 못한데 害의 의미는 더욱 천착(穿鑿 여기서는 '견강부회'의 뜻으로 쓰였음)한 것이다.[穿:뚫을천, 구멍천, 개통할천, 鑿:끌착, 뚫을착]

　모두가 그 生剋을 論해서 이것이 義를 깨어 버리는 데까지 이르렀으니 害가 아니면 刑이다. 더욱 經일 수가 없으니 그것을 삭제함이 마땅하다.

　暗沖暗會尤爲喜(암충암회우위희)에　彼沖我兮皆沖起(피충아혜개충기)며

　몰래 충하고 몰래 회국(會局)함이 더욱 좋은데, 彼가 我를 충함이여! 모든 沖이 일어나며,

任氏注

支中에서 沖을 만나는 것은 확실히 좋은 일은 아니다. 그러나, 八字가 결함이 있는 것은 많고, 정균(停勻)한 것은 적다. 木火가 旺하면 金水는 반드시 부족하고, 金水가 왕하면 木火가 반드시 부족하다. 만약 旺해서 나머지가 있는 것은 沖해서 그것을 제거하고, 쇠해서 부족한 것은 모여서 그것을 도우면 좋다. 사주가 沖會의 神이 없을 것 같으면 歲運에서 슬며시 와서 沖하거나 會하면 더욱 좋다. 대저 病이 있고 좋은 약을 얻으면 생한다. 그러나 沖에는 彼와 我의 구분이 있고 會에는 가고 오는 이치가 있다. 彼我란 반드시 年時는 彼가 되고 日과 月은 我가 되는 것은 아니다. 또한 반드시 四柱는 我가 되고 歲運은 彼가 되는 것도 아니다. 총괄적으로 말하자면 喜神은 我이고 忌神은 彼가 되는 것이 옳다. 喜神이 午인데 子가 沖하면 이것이 彼沖我이다. 기꺼이 寅戌이 더불어 會局함이 吉한데 喜神인 子가 午와의 沖을 만나면 이것은 我沖我이고, 寅과 戌이 會局함이 凶함을 꺼릴 때 喜神인 子가 申이 있고 辰을 얻어 會局하여 오면 吉하다. 喜神은 亥인데 未가 있고 卯를 얻어 會局하여 그것을 제거하면 凶하다. 차라리 我가 가서 彼를 沖하는 것은 좋지마는, 彼가 와서 我를 沖하는 것은 좋지 않다. 我가 가서 彼를 沖하는 것은 '沖起'라 하고 彼가 와서 我를 沖하는 것을 '不起'라고 한다. 水火의 沖과 會는 이러하다. 나머지도 이 예에 따라서 추리할 수 있을 것이다.

旺者沖衰衰者拔(왕자충쇠쇠자발)이요　衰者沖旺旺者發(쇠자충왕왕자발)이니라.

왕한 것이 쇠한 것을 충하면 쇠한 것이 뽑히고, 쇠한 것이 왕한 것을 충하면 왕한 것이 분발한다.

劉基의 注

子는 旺하고 午는 衰해서 沖하면 午가 뽑혀 설 수가 없다. 子는 衰하고 午는 旺해서 沖하면 午가 분발해서 복이 된다. 나머지도 이와 같다.

任鐵樵의 注

12支가 서로 沖하면 각 地支 중에 소장된 것이 서로 충극하게 된다. 原局에 있어서는 明沖이 되고, 세운에 있어서는 暗沖이 된다. 得令한 것이 衰한 것을 沖하면 衰한 것이 뽑히고, 失時한 것이 旺한 것을 沖하면 旺한 것이 상하지 않는다. 沖하는 것이 힘이 있으면 능히 그것을 제거하는데, 凶神을 제거하면 이롭고, 吉神을 제거하면 불리하다. 沖하는 것이 힘이 없으면 도리어 부딪히고, 凶神을 부딪치면 화가 된다. 吉神을 부딪는 것은 화가 되지 않으나 또한 복을 얻을 수는 없다. 日柱가 午일 때 혹시 희신이 午라면 地支 가운데 寅卯巳未戌과 같은 유가 있으면 子가 沖하면 衰神沖旺이라 하는데 상하지 않는다. 日柱가 午인데, 혹시 희신이 午이고 支中에 申酉亥子丑辰의 무리가 있고 子沖을 만나면 旺者沖衰則拔이라 한다. 나머지 地支도 모두 그러하다. 그러나 子午卯酉寅申巳亥의 沖은 중하게 여기고, 辰戌丑未의 沖은 비교적 가벼이 여긴다. 子午가 沖하면 子中의 癸水가 午中의 丁火를 沖하게 된다. 午가 왕성한 달에 四柱가 金이 없이 木이 있으면 午는 능히 子를 沖하게 되는 것이다. 卯와 酉가 沖하면 酉中에 申金이 능히 卯中의 乙木을 沖하는데, 卯가 月令에서 왕하고 火는 있고 土가 없으면 卯 또한 능히 酉를 沖한다. 寅申이 沖하면 寅中의 甲木과 丙火가 申中의 庚金과 壬水의 극을 당하게 된다. 그러나 寅이 月令에서 旺하고 四柱에 火가 있으면 寅 또한 능히 申을 沖한다. 巳亥가 沖하면 巳中의 丙火와 戊土가 亥中의 甲木과 壬水의 극을 당하게

된다. 그래서, 巳가 月令에서 旺하고 四柱에 木이 있으면 巳 또한 능히
亥를 沖한다. 반드시 먼저 그 쇠왕과 四柱에 해구(解救)의 유무와, 혹
沖을 억제하고, 혹 沖을 돕고 하는 것을 살피고, 그 대세를 관찰하고
그 희기(喜忌)를 궁구하면 吉凶이 스스로 나타난다. 四庫兄弟의 沖으로
말하면, 그 蓄藏한 物이 그 四柱의 干支에 引出됨이 있는가 없는가를
보라. 四柱의 干支에 引出됨이 없고 만약 司令의 神이 관계되지 않았다면
비록 沖해도 害가 없다. 合해서 쓰면 또한 좋다. 原局과 歲運이 모두
이 論理와 같다.

二. 格局用神論

1. 正格

1) 正官格

日干	甲	乙	丙	丁	戊	己	庚	辛	壬	癸
天干	辛	庚	癸	壬	乙	甲	丁	丙	己	戊
地支	酉 • 辛	申 • 壬**庚**戊	子 • 癸	亥 • 甲**壬**	卯 • 乙	寅 • 丙戊**甲**	午 • 丁己	巳 • 庚**丙**戊	午 ※ 丁**己**	巳 ※ 庚丙**戊**

※ 辰戌丑未가 오면 雜氣가 되므로 巳午로 한다.(火生土, 火土共命--필자)

年支	子	丑	寅	卯	辰	巳	午	未	申	酉	戌	亥
人元所藏	癸	己辛癸	甲丙戊	乙	乙戊癸	丙戊庚	丁己	乙丁己	戊庚壬	辛	丁戊辛	壬甲

張楠曰

○ 무엇을 正官이라 칭하는가? 대저 양이 음을 보고 음이 양을 보는 것이니 무엇을 官이라 하는가? 대저 官이란 管이다. 사람은 반드시 官이 管한 연후에 循規(循좇을 순, 規그림쇠 규(그림 그리는 도구)) 蹈矩(蹈밟을 도 矩곱자 구(방형을 그리는 자)) 居仁 由義 해서 감이 放逸이 非行을 짓지 아니한다. 고로 我身을 制約하는 官이 된다. 그러나 月令提綱의 官은 나의 本府의 太守, 本縣의 令尹과 같아서 다만 그 관제에 마땅히 복종할 뿐이니, 어떻게 그것을 쓰겠는가. 그러므로 무릇 月上의 官星은 세상에 無用이다. 官의 이치가 이와 같아서 어찌 取用 하겠는가? 다만 관성이 한 点에 그치고 日柱가 왕하면 관성은 輕하고 日柱는 旺하니 운이 官旺地로 행하면 가장 기이하다.

○ 官星이 거듭 있고 日柱의 뿌리가 약해서 日干을 극제함이 太重하면 官星이라 하지 않고 七殺이라 한다. 七殺이 극신하면 傷官 食神이 관살을 제재함을 기뻐한다.

○ 四馬季主云, 眞官時遇早登金紫之封(진관시우조등금자지봉)
通明賦云, 祿得天時奇花生於金帶(록득천시기화생어금대)

```
辛 丁 乙 辛
亥 未 未 未
/
壬(正官)
```

亥中의 壬水가 丁火의 正官이 된다. 眞官이 生時에 만난 것이다.

正官
癸　丙　乙　癸
巳　子　卯　未

時干의 癸水로써 官星을 삼고 子에 建祿을 이루고(子가 癸의 祿이 된다는 뜻-필자) 官印이 相生한다. 「通明賦」에서 말하는 '天時'라는 말은 時上만을 가리키는 것이고 널리 月上이나 年上의 天干까지 지칭하는 것이 아님이 분명하다.

乙　壬　丁　甲
巳　辰　丑　午
　　　　金

南曰　壬生丑月水源源
　　　疊疊財星共拱臨
　　　水入巽宮尋貴格
　　　陶朱之富異乎人

壬水가 丑月에 생하여 水가 根源에 깃들었다. 四柱에 財·官·七煞이 태왕하다. 且造는 본디 尋究하기가 어렵다. 대저 巳時를 얻어 水가 巽宮으로 들어가서 합하여 金局을 이루었다. 壬水가 甲乙木을 생하고 甲乙木은 丙丁火를 생하고 丙丁火는 戊己土를 생하고 戊己土는 庚辛金을 생하고 庚辛金은 壬癸水를 생한다. 이 四柱는 純粹하고 間隔이 없으며 上下가 相親하여 진정한 生生不已格을 지었다. 따라서 大運이 東西南北 어디로 가도 두루 아름답다. 第一가는 富人이다. 壽高하고 五福을 모두 얻었음은 대저 時上(時上이란 生時를 뜻한다. 따라서 時上이란 경우에 따라 生時의 天干을 가리키기도 하고 生時의 地支를 가리키기도 하고 生時의 天干地支 모두를 가리키기도 한다.--필자)에 庚金 印星이 있기 때문이다.

  *生生不已: 『滴天髓』 「干支總論」 "始其所始 終其所終 富貴福壽 永乎無窮"

2) 偏官格

日干	甲	乙	丙	丁	戊	己	庚	辛	壬	癸
天干	庚	辛	壬	癸	甲	乙	丙	丁	戊	己
地支	申 • 戊壬庚	酉 • 辛	亥 • 甲壬	子 • 亥	寅 • 丙戊甲	卯 • 乙	巳 • 庚丙戊	午 • 丁己	巳 ※ 庚丙戊	午 ※ 丁己

※ 土(辰戌丑未)는 雜氣이므로, 또 火土共命이므로(編著者案語).

楠曰,

편관(偏官)이라고 하는 것은 陽이 陽을 보고 陰이 陰을 보는 剋我의 관계로서 본디 陰陽이 배합된 것이 아니다. 다시 食神 傷官으로써 그 凶하고 예리한 것을 제거하면 비록 먼저는 克我의 凶神이지만 지금은 그 凶함을 馴致해서 나의 노복으로 되돌려 놓는다. 偏官을 쓰는 것은 마치 노복을 기르는 것 같아서 재갈을 물리는 것(箝制(겸제))이 지나치면 盡法無民이 될 수가 있어서 노복의 힘이 쇠하여져서 나를 위할 수가 없다. 運이 만약 箝制하는 것이 미치지 못하면 노복이 되려 주인이 된다.

偏官은 즉 七殺이니, 가령 甲日干이 數가 제7번째 字는 庚字를 만나므로, 이름하여 七殺이라 하니, 곧 克身하는 刀劍이다. 일반적으로 偏官無制를 七殺이라 한다. 그러므로 制伏함이 마땅하다. 또 太過하거나 不及함도 두렵다. 무릇 看命에는 먼저 七殺부터 처치하려 해야 한다.

바야흐로 다른 것(五行)을 얻어 쓸 수가 있어야 하는데, 만약 그 七殺을 능히 制去할 수 없다면 살성이 능히 나의 性命을 해하는 것이니 비유컨대 사람이 비록 金銀田産이 있다 해도 性命이 없으면 이 보화는 또한 閑物(쓸 데없는 物)이 된다.

原書(五言獨步)에 이르기를 有殺只論殺無殺方論用(살이 있으면 단지 살을 논하고 살이 없으면 바야흐로 용신을 논하다: *看命시에는 제일 먼저 살을 살펴야 하는데도 이것을 간과할 때가 많다... 필자*)이라 하니, 대개 先人이 이 말을 하면서 특별히 설명을 드러내는 것이 분명치 않아서, 學者로 하여금 마음에 모호했다. 다만, 살이란 勢惡하고 權貴하지만 간사 한 小人의 象이 되었다. 그러므로 살을 쓰면 대부분 주로 드러나게 빛나는 (顯耀) 宦官相의 무리에 마땅할 수 있으니 임금에게 아부하기보다는 竈에 아부하는 것이 낫다는 뜻이다.

月上의 官을 만난 것은 가히 쓸 수 있는 이치가 없으니, 다만 나의 몸을 管束할 따름이어서 어찌 내가 쓰게 되기를 긍정하겠는가. 혹시 관성이 쇠한 즉 생해 주고 관성이 태왕하면 극제할 것이니 이와 같이 하여 화복을 정할 것이다. 나 또한 月上의 관성이 貴命인 것을 보지 못하였으며, 단지(月上의) 살성을 쓰는 많은 부귀한 사람을 보았다. 子平書 는 숨어서 발현하지 않는(隱而不發) 것이 아마도 진리라고 하는 설명을 모두 함축해 놓았다. 그러므로 殺이란 殺我이다. 이 殺身의 대수(對手)(敵 手, 相對力)인 官은 我를 管制하는 것이니 이것은 制身하는 繩이며 法이다. 이것은 造化의 正理이니 가히 알지 않을 수 없다.

棄命從殺格이라 말하는 것은 日柱가 一点의 生氣마저 全無한 데 말미암 은 것으로, 四柱에 순연하게 官殺이 있으면 부득이 하여 다만 殺을 좇게 된다. 비유컨대 강도를 만나서 本身이 지킬 수가 없으면(無主) 다만 사명

(捨命)해서 그것을 따를 수밖에 없으니 財가 그 살을 생해서 일게 함을 요하는 것이니, 財殺運으로 行하여 그 살을 生助하는 것이다. 八字에 뿌리 있는 곳(根處)이 있거나, 制殺運으로 가면 두렵다. 마치 도적을 따르면서 또 父母兄弟가 있는 곳으로 돌아갈 것을 생각한다면 도적이 당신(汝)을 놓아 줄 것 같은가? 또, 도적을 따르는 것은 즉시 그 도적을 도와주어야 하는데, 만약 또 剋害한다면 도적은 반드시 당신을 모질게 할 것이다. 이 격은 바른 이치에서 나와서 매우 徵驗이 있는 이치이다. 만일(令), 陰 日干이 從하는 이치가 있다면 그것은 부인이 음에 속해서 사람을 從하는 道가 있음과 같고, 만약 太陽 日干이 살이 많음을 보더라도 단지 殺重身輕으로 보기도 하지만, 만약 日柱가 완전히 無氣하면 또한 棄命이 된다고 보는 바, 根(日柱의)을 보면 死함이 두렵다.

喜忌篇에서 이르기를, 五行이 月支 偏官을 만나면 歲時 中에서 제복(制伏) 함이 마땅한 것에 去官留殺이 있고, 또한 去殺留官이 있는 바, 四柱가 純雜한데 制伏함이 있으면 一品의 尊貴에 居한다. 대체로 一位의 正官이 나타났는데 다시 官이나 殺이 혼잡하면 도리어 賤하다.

補曰, 四柱가 순잡하고 有制하다 함은 대체로 四柱 中에 官이 없이 食神이 있어 煞을 제복하면 마땅히 一品의 尊에 居하게 마련이란 뜻이고, 上文의 이른바 五行이 月支에 偏官을 만나면 歲時 中에서 制伏함이 또한 마땅하다는 말이다. 만약 殺이 用神이 될 때, 正官이 섞이면 傷官이 있어 剋制하고, 혹시 官을 用神으로 할 때 七殺이 섞이고 食神이 있어 制伏하면 또한 一品의 尊에 居함이 정해져 있다. 上文에서 類有去官留殺(류유거관유살), 亦有去殺留官(역유거살유관)이라고 하는 것이다. 略見一位正官官殺混雜反賤(약견일위정관관살혼잡반천)이란 것은 制伏함도 없고 去留함도 없는 것을 이르는 것이다. 或者가 순잡유제(純雜有制)를 순살유제(純

殺有制)로 고치는 것은 틀렸다.

『滴天髓』官殺論

官殺混雜來問我(관살혼잡래문아)에 有可有不可(유가유불가)니라
官殺混雜을 나에게 물으니, 좋은 것도 있고 좋지 않은 것도 있다.

劉基의 注

殺은 즉 官이다. 同流가 같이 파생한 것은 혼잡해도 무방하다. 官은 殺이 아니다. 각각 문장(門墻)에 선 것은 혼잡해선 안 된다. 殺이 무겁고 官이 從하면 혼잡이 아니다. 官이 輕하고 煞이 그것을 도우면 혼잡이 아니다. 敗財와 比肩이 쌍으로 있으면 殺이 官으로 하여금 혼잡해도 가하다. 比肩과 刦財 두 가지를 만난 것은 官이 殺과 혼잡해도 가하다. 하나의 官이 印綬를 生할 수 없는 것은 煞이 官을 도와도 혼잡이 아니다. 하나의 살이 食傷을 만난 것은 官이 殺을 도와도 혼잡이 아니다. 歲가 官에 있고 官이 有根하면 殺은 官에 의지하고, 官이 의지하는 殺은 歲가 그것을 도우면 혼잡한 官이니 불가하다. 勢가 殺에 있으면 殺이 권세가 있고, 官의 勢는 殺에 의부(依附)한다. 殺에 의부하는 官은 歲가 도와서 殺과 혼잡하면 가하지 않다. 官은 숨고 殺이 드러나서 干神이 殺을 돕거나 合官해서 留殺이 되면 모두가 살기이니 官과 혼잡하지 말아야 한다. 장살로관(藏殺露官)과 간신조관(干神助官) 합살류관(合殺留官)은 모두 官象으로 좋으니 殺과 혼잡치 말아야 한다.

任鐵樵의 注

殺은 官이다. 身旺한 것은 殺을 官으로 삼는다. 官은 바로 殺이다. 身弱한 것은 官을 殺로 삼는다. 日柱가 심히 강하면 비록 制伏이 없어도 殺困이 되지 않는다. 正官이 서로 섞이고 뿌리가 없으면 또한 殺을 따라간다. 去官은 양단(兩端)에 불과해서 食神을 쓰는 것과 傷官을 쓰는 것이 모두 가하다. 合殺은 모두가 좋은 일이다. 合來合去는 마땅히 淸해야 한다. 하나의 煞이 권세를 타고 制伏이 없으면 職이 맑은 요직에 거하고 뭇살이 제복이 있고 通根하면 권형(權衡)을 장악하고, 殺生印하고 印生身하면 龍址에 高步할 것이고, 身이 財를 맡고 財가 殺을 붓게(滋)하면 안탑(雁塔)에 이름을 걸 것이고, 만약 殺이 중하고 身이 경하면 非貧則夭하고, 殺이 미미하고 제복이 지나치면 비록 배워도 이루지 못하고, 四柱에 있어서 모두가 마땅하게 항복(降伏)이 돼 있으면 年이 제복을 만나지 않음을 기쁘다 이르고, 一位로써 取하면 권귀(權貴)하고, 하필 時上이 높다고 하겠는가. 殺을 制伏하면 吉하니 전적으로 조제(調劑)의 공에 의지(憑)함이요, 살을 빌려 권세가 되는 것(借殺爲權)은 中和의 이치에 묘함이 있다. 다만 殺이 쇠약한 日柱를 범하는 것(凌)을 보면 반드시 집(家)이 기울 것을 헤아려야 하며 局이 살신(殺神)을 얻어 드디어 드러나고 확 트일 것이라고는 말하지 말라.

書에 이르기를 "格格推詳(격격추상), 以殺爲重(이살위중)"이라 하는 것은 반드시 적절한가를 탐구하고, 用神을 정함에는 마땅히 정밀하게 함이니, 殺에는 混雜해도 좋은 경우가 있고, 混雜하면 안되는 경우가 있다. 만일 天干 甲丙戊庚壬이 殺이라면, 地支 卯午丑未酉子는 殺의 旺地이니 混雜이 아니다(非混也). 天干 乙丁己辛癸가 官이면 地支 寅巳辰戌申亥는 바로 官의 旺地이니 非混이다. 만약 干 甲乙에 支 寅, 干 丙丁에

支 巳, 干 戊己에 支 辰戌, 干 庚辛에 支 申, 干 壬癸에 支 亥라면 官이 殺과 混雜된 것이니 官을 제거하는 것이 마땅하다. 만약 干 甲乙에 支 卯, 干 丙丁에 支 午, 干 戊己에 支 丑未, 干 庚辛에 支 酉, 干 壬癸에 支 子이면 殺이 官과 섞인 것이니 殺을 제거함이 마땅하다. 年月 두 天干에 一殺이 투출하고 年月의 地支 중에 財가 있고 時에서 官星이 無根하면 이것은 官이 殺勢를 從함이니 混雜이 아니다. 年月 두 天干에 一官이 투출하고 年月의 地支 중에 財가 있고 時에서 殺星이 無根하면 이것은 殺이 官勢를 從함이며 混雜이 아니다. 勢가 官에 있고 官이 祿을 얻고, 官에 의부(依附)하는 殺이 年干에서 도우면 混雜이 된다. 勢가 殺에 있고 殺이 祿을 얻고 殺에 依附하는 官이 年干에서 殺을 도우면 混雜이다. 敗財가 合殺하고, 比肩이 殺과 적대(敵對)하면 官이 可히 混雜할 수 있다.

比肩이 合官하고 刦財가 당관(攩官)(관과 무리짓다)하면 殺이 可히 混雜할 수 있다. 一官이 印綬를 거듭 만나면 官星이 洩氣하므로 殺이 그것을 도우는 것은 混雜이 아니다. 一殺이, 食傷이 아울러 나타나면 制殺이 지나치므로 官이 殺을 도우는 것은 混雜이 아니다. 만약 官殺이 아울러 투출하나 無根하면 四柱가 刦과 印을 거듭 만나도 혼잡을 기뻐할 뿐만아니라, 오히려 財星이 殺과 官을 돕는 것이 마땅하다. 요컨대(總之) 日柱가 旺相하면 가히 混雜할 수 있고 日柱가 휴수(休囚)이면 混雜해서는 안 된다. 이제 殺을 六으로 나누려 하거니와 이는 내가 시험한 바이다. 다음에 나누어서 자세히 열거할 것이니 참고하기 바란다.

첫째 財滋弱殺格

庚	庚	丙	己
辰	申	寅	酉
癸戊乙	戊壬庚	戊丙甲	辛
傷印財	印食比	印殺財	刼

庚辛壬癸甲乙
申酉戌亥子丑

此造를 俗에서 論하기를, 春金이 失令하고 旺財가 生殺하고 殺 밑에는
長生하니 반드시 扶身抑殺을 要한다고 하고, 春金이 비록 當令하지는
못했지만 地支에서 두 개의 祿旺을 만나고, 또 辰時의 印과 比가 방신(幫身)
함을 얻었으니, 弱한 가운데서 旺하게 변했음을 모른다. 이른바 木嫩金堅
(목눈금견:나무는 여리고 쇠는 견고함)이 만약 丙火가 없으면 寅木이
難存이다. 寅木이 없으면 丙火가 無根하니, 반드시 財를 써서 殺이 불어나
게 해야한다. 木火 두 가지는 하나라도 빠져서는 안 된다.……(中略)……此
造는 運이 西北金水地로 달리니 아깝다. 만약 東南木火地로 行하였다면
자연히 科甲에 잇달아 오르고 仕路가 혁혁할 것이었다.

辛	庚	庚	丙
巳	申	寅	申
戊丙庚	戊壬庚	戊丙甲	戊壬庚
印殺比	印食比	印殺財	印食比

丙乙甲癸壬辛
申未午巳辰卯

此造는 天干에 庚辛이 3개가 투출하고, 두 坐下(年·日)에 祿旺하니 丙火가 비록 귀퉁이에 祿을 얻었으나 庚辛 元神이 투로(透露)함만 못하여, 火의 祿支가 아니고 金의 長生地이니 財殺을 쓰는 것이 분명하다.……(中略)……. 만약 八字로 볼 것 같으면 此造는 前造에 미치지 못한다. 다만 前造는 運이 西北으로 가고 此造는 運이 東南으로 가기 때문에 부귀는 비록 격국에서 정해지지만 궁통(窮通)은 온전히 運限에 달린 것이다. 命好不如運好라는 까닭은 그렇게 믿음이 간다.

둘째 殺重用印格

甲	戊	甲	戊
寅	午	寅	子
甲戊丙	己丁	甲戊丙	癸
比印殺	刼印	比印殺	才

庚己戊丁丙乙
申未午巳辰卯

戊土가 寅月 寅時에 生하니, 土衰木盛이다. 坐下의 午火를 가장 기뻐하니 生拱(생공:생하고 껴안는 것)이 유정하다. 바로 衆殺이 횡행(橫行)함에 一仁이 可化이다. 子水의 財가 寅木을 生하고 午火와 沖하지 않으니 丁이 화합했다. 그 통관(通關:여기서는 子午의 사이에서 寅이 끼어들어 子生寅寅生午하는 상황을 지칭:필자 注)은 더욱 운이 南方 火土運으로 달리는 것을 선망하니, 조등황갑(早登黃甲:일찍이 과거에 오르는 것)하고 출사(出仕)해서 이름을 날리는 까닭이다.

셋째 食神制殺格

甲	壬	戊	戊
辰	辰	午	辰
癸戊乙		己丁	
刦殺傷		官才	

甲癸壬辛庚己
子亥戌酉申未

此造는 四柱가 모두 殺이다. 支에 三辰이 앉았음을 기뻐한다. 身庫(여기서는 辰:필자 注)에 통근하고 金이 없는 것이 妙하다. 時에 食神(甲)이 투출해서 제살한다. 辰은 곧 木의 여기(餘氣)이다. 바로 一將當關(일장당관:한 장수가 관문을 지키다)이라 말할 수 있으니, 群凶이 自伏한다. 癸亥운에 食神이 生을 만나고, 日柱가 祿을 얻어 科甲에 연달아 오르고 甲運에 縣令을 지내고 子運에 衰神이 沖旺하여 不祿.

넷째 合官留殺格

壬	丙	戊	癸
辰	午	午	丑
戊乙癸	己丁	己丁	己辛癸
食印官	傷刦	傷刦	傷財官

壬癸甲乙丙丁
子丑寅卯辰巳

此造는 여름에 火가 旺한데, 癸戊가 合火함을 꺼린다. 壬水가 辰에 通根함을 기뻐한다. 年支가 丑에 앉아 있는 것도 묘하다. 족히 써 晦火養金 (회화양금)해서 蓄水하면 癸水도 역시 통근할 수 있다. 비록 合하지만 化하지 않는다. 不化는 도리어 그 合을 곧 壬水에 대어들지 못한다. 그래서 乙卯甲寅運은 克土하고 水를 호위해서 雲程(청운의 길)이 곧바로 올라가고,……(中略)……壬子運에 治中(官名, 州의 刺史, 곧 지방장관의 副官)으로부터 黃堂(太守가 집무하는 곳, 太守:漢代의 郡의 지방장관, 郡守)을 밟았으니 名利가 넉넉하다.

다섯째 官殺混雜格

癸	丙	壬	壬
巳	寅	子	辰
丙戊庚	甲丙戊	癸	乙戊癸
比食財	印比食	官	印食官

戊丁丙乙甲癸
午巳辰卯寅丑

此造는 壬癸가 권력이 있고 살과 관이 중첩했는데, 日坐에 長生을 얻었음이 가장 기쁜 일이다. 寅은 능히 水를 수납해서 化殺生身하고 時에 歸祿이 旺해서 족히 써 官과 敵對할 수 있다. 다시 妙하게도 金이 없어서 印星을 쓸 수 있는 바, 煞의 세력이 비록 강하지만 두려워할 것은 아니다. 丙運에 幫身하고, 또 己巳 유년을 만나 官의 혼잡을 去하니 南宮(당나라의 관제로 禮部를 말함)이 빨리 되더니 재상이 되었다.

여섯째 制殺太過格

己	丙	戊	辛
亥	辰	戌	卯
壬甲	乙戊癸	丁戊辛	乙
殺印	印食官	刦食才	印

壬癸甲乙丙丁
辰巳午未申酉

時에 하나의 살을 만났는데, 네 개의 식신이 서로 제복한다. 年支 卯木이
辛金이 개두(蓋頭)하여 덮고, 하물며 秋木이 본디 疏土하기는 부족하여
亥中의 甲木이 殺을 보위한다. 乙未運에 이르러 木局를 이루니 南宮에
일찍 벼슬하고 한원(翰苑)에 이름이 높았다. 甲午運에 木이 午에 死하고,
己와 合하여 土가 되고,……(中略)……不祿.

時上一位貴格 ─『命理正宗』

楠이 말하기를, 時上一位貴格이란 時上의 一点 殺星을 取하는 것이니,
만일 日干이 生旺하고 時上에 殺이 있으면 이것을 써서 時上一位貴格으로
삼는 것이다. 만약 身旺하고 殺이 弱하면 殺旺運을 기뻐하니 富貴하고
多子하다. 대개 殺星은 곧 子星인데, 身旺하면 능히 그 子를 감당할 수
있다. 만약에 日干이 약하고 時上의 殺이 旺하면, 殺旺이나 재운으로
행하는 것이 두렵다. 바로 이른바 "財人은 七殺이 좇아가고 身이 衰弱하면
주로 貧賤하고 無子하다"라고 하는 것이다. 殺이 능히 身을 극하니 子를

生할 수가 없는 것이니 바로 "時에 七殺을 만나면 본디 아이가 없다."라고 하는 것이다. 만약 時上에 살이 있으면 역시 먼저 살성을 안치(安置)함을 요하니, 혹은 그것을 제압하거나, 혹은 合去한 다음에 바야흐로 月上의 用神을 가히 쓸 것이다. 만약 이 살을 剋制함이 없다면 마땅히 時上의 살을 用神으로 삼아야 하고, 月上에 印星, 財星이 있더라도 또한 用神으로 삼을 수 없다. 그러므로 격국을 자세히 推詳하고 살을 중시해야 하는 바, 古人이 言說을 함에 분명하지 못한 것 같다.

補曰, 時上偏官이란 時上一位貴格이다.

이를테면 陽이 陽干을 보고 陰이 陰干을 봐서 극하는 것이 이것이다. 透出하는 것이 묘하다. 다만 一位를 허할 뿐 四柱에서 거듭 보는 것을 허용하지 않는다. 만약 年月日에 또 있으면 辛苦하고 勞力할 命이다. 본디 身이 스스로 왕함을 요한다. 甲子 같은 것이 甲子와 같은 類에 生하는 것을 말한다. 또 制伏이 있을 것을 요하니, 有制하면 偏官, 無制하면 七殺로 본다. 또 制伏이 中和함을 요하니 한 자리의 七煞에 거듭하여 두 세 자리의 제복이 있으면 너무 지나치게 되니, 비록 學問이 있더라도 仕路(벼슬길)에 영화롭지 못하고 빈한한 한 늙은 선비에 지나지 않는다. 그러므로 희기편(喜忌篇)에 이르기를, 偏官이 시에서 만나 제복이 너무 지나치면 이것은 한유(寒儒)이다. 사주에 제복이 많으면, 칠살이 왕한 운으로 갈 것을 요하거나, 三合이 되는 곳으로 가면 可發한다. 만약 원국에 제복이 없으면 制伏하는 운으로 가면 可發한다. 만약 살이 旺한 것을 만나 제복이 없으면 禍가 생긴다. 時偏官은 爲人이 천성이 중강(重剛)하고, 소집(所執)이 굴하지 않고 오만하고 스스로 높으며 담기(膽氣)가 있고 웅호(雄豪)하다. 月偏官도 그러하다.

又補曰, 食神이 살을 제복하면 鬼가 화하여 官이 되니 확실히 마땅히 권귀(權貴)이다. 이른바 食神이 먼저 있고 살이 뒤에 있으면 功名이 둘 다 온전한 바, 이로써 羊刃이 살과 합하면 흉한 것이 변해 길한 것이 되니 또 능히 權貴한 것이다. 이른바 甲이 乙妹로써 庚의 妻로 삼는다면 흉이 길조가 된다 한 것이 이것이다.

又補曰, 식신이 제살하는 데는 효신(梟神)을 만나는 것이 마땅하지 아니하니 만나면 화가 생긴다. 그러므로 식신이 제살하는 데 효신을 만나면 貧하지 않으면 夭하다 했다. 羊刃이 살과 합하는 데는 財가 많은 것이 마땅치 않으니 많으면 반드시 허물이 있다. 그래서 財가 살의 무리를 상하면 童年에 夭折한다고 말한다.

又曰, 食神은 본래 制殺에 능하지만 傷官 역시 制殺을 한다. 다만 傷官은 食神의 힘만큼 크지 않다. 羊刃은 본래 능히 살과 合하고 상관 역시 살과 합하지만 그러나 상관은 羊刃의 세만은 못하다. 陽日 상관은 능히 제살을 하지만 살과 합할 수는 없으니 가령 甲日에 丁을 보면 陽日 傷官인데 능히 庚金의 殺을 制伏할 수는 있지만 庚과 합할 수 없는 것이 이것이다. 陰日 傷官은 능히 殺과 합하여 스스로 살을 극제한다. 이를테면 乙日에 丙을 보면 傷官이 되는데 능히 辛金의 殺을 합하여 스스로 능히 辛金을 制伏시키는 것이 이것이다.

又曰, 殺은 한가지이지만 순복(馴伏)해서 쓰는 데는 두 가지가 있으니, 制와 化가 이것이다. 制殺하는 것은 食神이요, 이른바 힘으로써 그것을 굴복시키는 것이다. 化殺이라고 하는 것은 인수이니, 이른바 德으로써 馴伏시키는 것이다. 힘으로 制伏하기 보다는 德으로 순화시키는 것이 더 낫다. 그러므로 通明賦云, 制殺은 化殺만큼 높지 않다. 그러나 制伏과 순화는 병립할 수가 없다. 有制하면 有化가 필요 없고, 有化하면 制가 있을 필요가 없다. 만약 化神이 약하고 制神이 강하면 시은(施恩)을 하지만 부족하다는 원성(怨聲)을 듣고 化神이 왕하고 制神이 쇠약하면 일에 임하여 금제(禁制)하는 능력이 없다.

古歌云, 時上에 한 자리 偏官이 있는 格局은 뿌리가 강하면 身이 건왕(健旺)하고 富가 비상하다. 年月에 아울러 官財가 없고 홀로 살이 時柱에 있으면 가장 좋다.

又曰, 時上一位貴는 支中에 藏在해 있는 것이 좋고 日柱가 剛强해야 하니, 利와 名이 바야흐로 有氣하다.

補曰, 이 말은 時支偏官이니 이를테면 甲이 申時를 만나고, 乙이 酉時를 만나는 類이다. 곧 支中에 숨겨두고 있는 것이다. 日主가 强旺하면 名利가 必振한다. 오직 身弱해서 힘이 능히 견디지 못하는(不勝) 것을 꺼린다.

又曰, 時上偏官은 羊刃과 沖을 기뻐한다. 身强하고 制伏하면 祿이 풍륭(豊隆)하니 正官이 만약 와서 서로 혼잡하여 身弱하고 財가 관살을 生하면 주로 곤궁하다. 補曰 時上偏官은 甲日이 庚干을 보고, 乙日이 辛干을 보는 따위이니 刑沖羊刃을 두려워하지 않는 까닭이다. 繼善篇에 이르기를, 時上의 偏官은 羊刃을 기뻐하고 沖을 좋아하니, 日主가 生旺하고 年月에 食神이 制伏하면 이른바 食居先 殺居後(식거선 살거후:식신이 먼저 있고 살이 나중에 있다.)면 功名이 兩全하고 작록(爵祿)이 풍후(豊厚)하다. 正官이 와서 혼잡함을 좋아하지 않으니, 兄은 그 아우를 드러내지 않고, 더하여 신세가 쇠약하다. 財가 살의 무리를 生하면 반드시 주로 貧寒困苦해서 하는 바는 이루지 못한다.

又曰, 時上偏官一位가 日干이 강하고 日支가 왕하면 貴가 비상하고 財가 있고 印綬가 있으면 財祿이 많고 하늘이 낳은 동량(棟樑)을 이룬다. 補曰, 時上偏官은 단지 一位를 기뻐하니 四柱에 거듭 보는 것을 바라지 않는다. 日柱는 본래 旺해야 된다. 가령 甲寅 乙卯가 寅卯日에 生한 것과 같은 것은 身과 殺이 둘 다 강해서 부귀가 사람에 지나고, 財가 있으면 時殺이 有根하고 印이 있으면 化殺生身하여 財馬며 官祿이 자연히 흥왕한다.

又曰, 時逢七殺은 偏官이니 制伏이 있고 身强하면 好命으로 본다. 제복이 지나치면 살왕운을 만나기를 좋아 하니, 三方을 얻는 곳에 發함이 어찌 어려울까.

補曰, 時逢七殺은 곧 時上偏官格이다. 身旺하고 制伏이 있는 경우이다.

가령 하나의 殺이 있고 하나의 제복이 있으면 곧 貴人이니 문장이 떨치며 마땅히 好命으로 본다. 만약 두 셋의 제복이 있으면 제복이 너무 지나친 것이어서 살이 왕한 三合을 얻는 곳으로 운이 행하면 발달이 발연(勃然)하여 막을 수가 없을 것이다. 만약 제복이 너무 지나치고 다시 살왕운으로 행하지 아니하면 비록 문장이 이두(李杜:이태백과 두보)를 능가할지라도 마침내 드러나기가 어렵다.

又曰, 元命에 제복이 있으면 運에서 마땅히 煞을 보아야 하다. 沖刑과 살이 모임을 두렵지 않다. 만약 몸은 쇠약한데 오직 살이 왕하면 이런 命은 빈한(貧寒)할 것을 알게 마련이다.

補曰, 偏官에 제복이 있으면 운에서 다시 제복이 나타나는 것이 마땅치 않다. 만약에 본디 제복이 없는 것은 제복운으로 가는 것을 기뻐한다. 月上의 偏官은 刑沖과 많은 살이 모이는 것을 두려워 하지만 時上의 偏官은 三刑 六害 羊刃 沖破, 많은 살의 모임 등을 두려워하지 않는다. 오직 몸이 강하고 살이 얕기를 기뻐한다. 만약 살이 무겁고 몸이 가벼우면 종신토록 손액(損厄)이 있고, 설사 요수(夭壽)하지 않는다 하더라도 반드시 빈한하다.

又曰, 時에 七殺을 만나면 본디 아이가 없으니 이 이치를 사람들은 마땅히 자세하게 추리해야 한다. 歲月時 중에 제복이 있으면 有子하고 귀하고 기이할 것을 아는 것은 정한 이치이다.

補曰, 時上偏官과 建祿은 주로 剋子하나 歲月 가운데 식신이 제복하거나 양인이 합하면 오직 有子할 뿐만아니라 또 귀하다. 그러므로 時上偏官에 제복이 있으면 만자(晩子)가 영기(英奇)하다 한 것이다.

四言獨步云, 時의 살이 뿌리가 없음에 살이 왕하게 되면 귀하고, 時의 살이 뿌리가 많음에 살이 왕하게 되면 불리하다 했다.

補曰, 이것은 이를테면 庚은 丙으로 살을 삼는데, 丙은 寅에서 생하고 巳에서 왕하고 戌에서 庫가 되니 곧 살의 뿌리이다. 격국의 살에 財가 또한 뿌리가 된다. 만약 時干에 一殺이 헛되이 나타났을 뿐 근기가 없다면 또 재가 생함도 없다면, 운이 살왕지로 가면 부귀한다. 만약 三合을 얻은 곳에 이미 근기가 많으면, 또 재가 생하면, 그리고 다시 살왕지로 가면, 도리어 불리해서 가난하고 고생하는 사람이 많다.

```
甲  辛  乙  乙
午  丑  酉  丑
```

辛金坐酉旺戌行
火煉眞金大異常
金旺火輕宜火運
少年早折桂枝香

辛金이 月下의 酉에서 旺하고 운이 戌로 가는데
火가 진금을 단련하니 크게 예사롭지 않다.

金은 왕하고 火는 가벼우니 火운으로 가는 것이 마땅해서
소년이 계수나무를 꺾어 향기롭더라.

3) 正印格(印綬格)·偏印格

〈正印〉

日干	甲	乙	丙	丁	戊	己	庚	申	壬	癸
天干	癸	壬	乙	甲	丁	丙	己	戊	辛	庚
地支	子·癸	亥·**壬**甲	卯·乙	寅·**甲**丙戊	午·**丁**己	巳·**丙**戊庚	午·丁**己**	巳·丙**戊**庚	酉·辛	申·**庚**壬戊

〈偏印〉

日干	甲	乙	丙	丁	戊	己	庚	申	壬	癸
天干	壬	癸	甲	乙	丙	丁	戊	己	庚	辛
地支	亥·**壬**甲	子·癸	寅·**甲**丙戊	卯·乙	巳·**丙**戊庚	午·**丁**己	巳·丙**戊**庚	午·丁**己**	申·**庚**壬戊	酉·辛

楠曰, 正印格 偏印格이란 것은 父母가 生身해 준다는 것과 같은 뜻이다. 대개 日柱가 그 資助를 얻은 것이다. 書云, 인수월령에 생하였다면 관운(대운이 정관 편관운으로 들어감)이 이롭고, 재향으로 들어가는 것이 두려우니 대개 財는 印을 破하는 신이기 때문이라고 하였으나 이것은 死格을 말한 것일 뿐 通變의 도리가 아니다. 그러나 四柱에 印星이 太旺하고 日柱가 有氣한데 印이 첩첩으로 생하면 마치 사람이 원기가 본시 왕한데 다시 보약을 복용한다면 生命이 가히 존립하겠는가. 이것은 반드시 財를 써서 印綬를 破해야 한다. 四柱에 財가 적은데 운이 財神으로 나아가면 吉하고, 또 만약 日柱가 뿌리가 가벼운데 印星이 과약(寡弱)하면 財星이

가장 두려운 바, 그것을 일러 財를 탐해서 인을 손괴(損壞)한다고 한다.
또 진인(眞印)과 가인(假印)이 있는 바, 丙日에 生한 사람이 月令이 亥月이
라면 가끔 亥中의 甲木으로 假印을 짓는다. 十月의 木氣는 근고엽락(根枯
葉落)해서 이런 쇠목은 마땅히 동방의 木旺한 곳으로 가서 그 根氣를
도우면 마른 싹이 비를 만나 우쩍 일어나는 것(勃然而興)과 같다. 巳酉丑운
이 그 木을 충극함이 두렵고, 더욱 두려운 것은 서방 庚申辛酉로 행하여
天干地支가 모두 온전히 손상하는 것이 우심(尤甚)한 것이다. 天干이
壬癸甲乙丙丁으로 개두(蓋頭)하면 비록 禍가 있더라도 얕을 것이다. 또
만약에 丙丁 日柱가 寅卯月의 뿌리가 많은 곳에서 生하였다면 일러서
진인(眞印)이라 한다. 만약 印이 많으면 財星을 두려워 않고, 만약에
日柱가 가벼우면 가령 한 두점의 인수가 있더라도 또한 재를 두려워한다.
대저 木은 金을 견디어 낼 수 없는 것을 두고 이르기를 "인수가 손상을
입는다(印綬被傷)"라고 한다. 만약 영화가 오래지 않다면 진인, 가인의
분변은 강구하지 않을 수 없다. 財官印綬 食神傷官, 이 여섯 격국은 바로
日干이 月令에서 나온 것이고, 정격 외에 양인격도 있는 것이다. 이것은
日月에 매여서 상통해 나온다. 이것 외에도 혹은 재관을 허공으로부터
요격(邀擊)해 오거나 혹은, 재관을 刑合해 오거나, 혹은 재관을 암공(暗拱)
해 오거나 혹은 재관을 沖遙해 오거나 하는 것도 또한 거의 이치에 가까운
설이다. 아래 글에서 보기 바란다.

繼善篇云, 官刑을 범하지 않는 것은 인수와 天德이 같은 宮에 있기
때문이다. 補曰, 一說에 官府의 刑憲을 범하지 않음은 대개 인수와 천덕이
年月日時의 支의 同一 宮에 있기 때문이라 말하고, 格解에서는 다만
四柱 中에 다 있으면 바로 同一命宮의 同一 支에 반드시 있지 않아도
된다고 말했다.

가령, 甲寅 丙寅은 天德이 丁에 있고, 月德은 丙에 있고, 인수는 寅에 있다. 가령 庚申 庚辰 庚子 壬午에는 天德 月德이 모두 壬에 있고 인수는 辰에 있다. 天德과 印綬가 동일한 命宮이라고 이르는 것은 매우 잘 통한다. 嚴陵(엄릉)의 命書에 이르기를, 天月二德은 日上에 있는 것이 的當(딱 들어맞음)하고 다른 곳에 나타난 것은 天月德을 짓는 것으로 논하는 것은 부당하다고 했다.

古歌云. 월령에 인수를 만나면 官星을 기뻐해서 운이 관향(官鄉)으로 들어가면 복이 반드시 맑고, 死絶運이 臨身하면 不利하며 뒤에 財運으로 가면 백 가지를 이루지 못한다. 補曰, 甲乙이 亥子月에 生하고, 丙丁이 寅卯月에 生하고, 戊己가 巳午月에 生하고, 壬癸가 申酉月에 生하고, 庚辛이 辰戌丑未月, 혹은 巳午月에 生하면 모두가 月이 印綬를 만난 것이 된다. 만약 四柱 가운데 원래 官星이 있으면 곧 官과 印이 相生하는 것이니 바야흐로 貴人인 것이어서 假印格이 가장 기뻐하는 바이다. 만약 관향운(官鄉運)으로 가면 발재(發財)가 반드시 淸厚할 것이고, 사절운(死絶運)으로 가면 경하면 災疾과 損傷이겠지만 중하면 사망하거나 孝服을 입는다. 만약에 재향으로 가면 財를 貪해서 印綬를 破壞하는 격이 되어 그 괴(壞)는 百端이 된다.

又曰, 거듭거듭 생기가 있고 官이 없으면 淸高한 技藝를 짓는 것으로 보고, 官殺이 오지 않으면 爵祿이 없이 모두가 技藝일 뿐 孤寒하다. 補曰, 月이 日干을 生하고, 年時가 인수를 다 갖추면 거듭된 生氣인데. 官方이 있으면 貴를 짓는 것으로 추리하지만, 官殺이 없으면 技藝의 流가 아니라면 용류(庸流)의 무리이니 모두가 淸高한 藝이지만 孤苦하고 寒微함을 면할 수가 없으니, 이른바 印綬가 旺하면 子息이 드물다는 말은 이것이다.

又曰, 印綬가 干頭에서 거듭 무리(比)가 보이면 운이 印을 도우는 곳으로 가면 반드시 상신(傷身)한다. 그러나 이 격에 기이한 것(奇比)이 없다고만 말하지 말라. 운이 財鄕으로 들면 꼭 록이 참될 것이다. 補曰, 印綬가 月令에서 生하고 干頭에서 거듭거듭 인수의 비견을 보거나 또는 인수의 왕지로 운이 가면 반드시 몸을 상하니 이른바 木이 水에 힘입어 生하지만 水가 성하면 木이 표류하므로, 木이 壬癸水를 만나 표류하면 日柱는 無根하여 四柱는 근심을 헤아린다(度愁)는 것이 이것이다.

印旺한 것이 재를 만나면 發하는 것이므로 모름지기 재향운으로 들면 발복하고 발록할 것인바, 만약 水가 성해서 木이 표류하면 반드시 재운으로 가서 土로써 水를 제복하면 木이 그 뿌리를 뻗어 복이 된다. 이른바 歲運이 만약 재왕지로 가면 도리어 凶이 吉로 되어 王侯를 만난다는 말이 이것이다. 格解에 이른바 인수가 재향으로 들어가는 것이 두렵다는 것은 가히 구이(拘泥)할 것이 아니라는 말이 이것이다.

又曰, 인수가 관성을 만나 旺하면 氣가 純하고, 상관을 많이 만나면 정신이 轉한다. 사절지로 가고 아울러 재지로 가서 救함이 없으면 도리어 下人이 된다.

補曰, 印綬가 관성을 만나 기뻐한즉 왕기가 순한 것이요, 상관을 많이 만나 꺼린즉 轉하여 小精神이 됨을 면하지 못한다. 旧文에 원래 이러한데 혹자는 旺氣를 고쳐 運氣로 하고 傷官을 고쳐 偏官으로 하고, 轉精神을 有精神으로 삼았으나 모두 틀린 것이다.

又曰, 印星이 偏(한쪽으로 치우치다)한 것이 梟神인데, 사주 안에서 가장 기뻐하는 것은 財星을 보는 것이다. 身旺할 때 만나면 복이 되지만 日柱가 쇠할 때 梟神이 왕하면 도리어 무정(無情)하다.

補曰, 印星이 偏한 것이란 이를테면 甲이 亥月에 生하고, 乙이 子月에 生한 類이다. 食神이 없으면 복이요, 印星에 食神이 있으면 梟神이 되는데

柱中에 偏財와 함께 正財가 나타나면 吉하다. 그러므로 偏印이 財를 만나면 發한다 하고 또 偏財는 능히 延年을 더 세고 身旺한 것이 만나면 吉하지만, 身弱한 것이 梟神이 旺함을 만나게 되면 禍가 된다. 이른바 梟神이 일어나면 早年에 夭折한다 하는 것이 이것이다.

絡繹賦曰, 印綬가 子位에 임하면 영화롭고, 梟神이 祖位에 있으면 祖基를 파(破)한다. 補曰, 혹(或) 이르기를 효거조위(梟居祖位)면 파조지기(破祖之基)라고 하는 것은 그 징험을 볼 수 있고, 六親論云, 日과 時에 殺과 刃이 있는데 梟神을 만나면 半道에 妻子가 離散함을 보게 된다. 格解에 이르기를, 梟居祖位破祖之基는 未詳이다라고 했다.

玉匣賦云, 華蓋와 文星이 함께 모이면 위지후(尉遲侯:魏의 複姓인 바, 伐北하여 세운 中華의 諸侯國에 준 姓氏이다)가 五伯(後漢의 鄧彪, 宗武伯, 陳綬伯, 張弟伯등)과 같은 良臣이 된다.

補注云, 文星은 印綬를 말한다. 그러므로 通明篇에 이르기를 文星은 文華이니 文昌의 文이 아니다. 寸金賦云, 印綬는 臨官帝旺을 좋아하지 않으니 만나면 또한 기쁘지 않다. 八字에서 財를 보면 쓸 바가 없고 財로 가서 이롭지 못함은 도리어 뜻밖이다. 補曰, 臨官은 日干이 가는 臨官의 地이니 印綬가 만나면 병통이다. 그러므로 臨官帝旺의 地를 기뻐하지 않는다 함은 日干이 帝旺의 地로 가는데 印이 만나면 死地가 되기 때문이다. 그래서 印이 帝旺의 地(日干)를 만나면 또한 기뻐하지 않는다 했다. 八字 가운데서 재성을 보는 것을 제일 꺼리고, 官星을 보는 것을 기뻐하는데 운이 財가 왕한 곳으로 가면 財를 탐해서 印을 파괴해서 禍가 百端이라고 한 것은 이른바 死絶財旺地에 救해 주는 것이 없다면 도리어 황천지하의 사람(泉下人)이 된다는 것이다.

方金賦云, 제일 좋은 것은 印綬鄕인바, 운이 生旺地로 가면 반드시

榮昌할 것이며, 官鄕이 會合하면 官職을 옮길 것이며, 死絶이 당두하면 禍殃이다.

淵源歌云, 印과 財가 있는 것은 복매(福媒)이니, 官을 만나는 것을 기뻐하고 財에 臨하는 것은 두렵다. 主로 사람이 괄낭(括囊)의 文章이 빼어나고, 일거(一擧)에 단지(丹墀·붉은 칠을 한 궁전의 址臺, 轉하여 궁전, 대궐, 丹陛)에서 임금을 배알한다.

元理賦云, 水가 범람해서 木이 뜨는 것을 괄본(括本)이라 한다. 補曰, 이 말은 水泛木浮格이다. 대게 甲木이 亥月에 生하면 無咎하나 乙木은 亥에 死하니 水泛木浮格이 되는 바 모여서는 안될 것이다.

又曰, 水가 성하면 표류(漂流)하는 木이 정처가 없으니 土運으로 가면 곧 영화롭게 되리라.

補曰, 上文은 陰木을 論한 것이고 이 논설은 陽木이니 대개 甲이 木敗之鄕인 子로 돌아감을 이른다. 柱中에 水印이 너무 성하고 土를 잃은 것은 人命이 이와 같이 되면 주로 漂蕩하여 정처없고 風情이 일고 술을 좋아하며 이룸이 없는 命造이다. 土運을 만나면 止水하여 發福하고 영화를 누린다.

又曰, 食神을 貪해서 괴의(乖疑)하는 命에 梟神을 쓰면 이 때문에 병통이 된다. 補曰, 日이 梟神에 앉거나 혹은 干支가 梟印이 거듭 있는 것이 運에 식신을 만나면 貧할 것이니 식신이 병통을 낳기 때문이다. 다시 刑沖을 띠게 되면 재앙을 예측할 수 없다. 그러므로 奧旨賦에 이르기를, 歲月時 가운데 偏印이 있으면 늠식이 싹이 안 텄는데 大運歲君에서 食神을 만나면 災殃이 이른다고 한 것이다.

又曰, 命이 梟神으로 用神하면 富家가 된다.

四言獨步云, 六甲이 申에 坐하고 三重으로 子를 보면 운이 北方에 이르러 마땅히 횡사(橫死)함을 막을진저.

又曰, 天干에 두 丙이 地支가 모두 寅인데 다시 印이 生한다면 죽음에서 흥이 다다름을 본다.

又曰, 壬癸가 申酉金이 많아서 生氣가 旺하면, 土가 旺하면 吉하고 水가 旺하면 빈하다.

又曰, 癸日申提(癸日이 申月에 生)가 歲時에 卯寅이 있으며 年柱에 殺이 있고, 月上에 刧財가 있으면 林下에서 외로이 떤다.

丁 乙 乙 己
亥 丑 亥 亥

楠曰 水氣重重在地支
水漂木泛欲何依
最宜土運來剋水
財帛金珠樂有餘

水氣가 거듭거듭 地支에 있어
물은 표랑하여 나무는 뜨는데 어디에 의지할꼬.
가장 마땅한 것은 土運이 와서 水를 극함이니
재백 금주에 즐거움이 남네.

丁 乙 辛 丁
亥 亥 亥 亥

丙丁戊己庚
午未申酉戌

楠曰 乙生亥月水重重
　　　殺印分明祖業豊
　　　戊己運中雖發福
　　　再行水運壽年終

乙이 亥月에 나서 거듭거듭 물인데
살과 인수가 서로 생하는 격국임이 분명하니 조업이 많네 그려.
戊己 운중에 비록 복된 일들이 생기더라도
다시 水운으로 가니 세상을 떠나야겠네.

乙木이 亥月에 生하여 水氣가 중중하지만 다만, 水原이 蓋頭를 하지 않아 다행이니 대개 조상의 재산이 풍부하다. 己酉戊運에 財名이 파진(頗振)(크게 떨침)했으나 酉運에 殺輕하고 득록(得祿)했다. 원래의 殺이 水를 많이 봐서 洩氣하니 去精神하고, 약한 살이 酉에 들어 得祿하니 生子가 심히 많다. 한번 申運에 들어 壬水가 너무 왕하게 되니 물이 와서 뜬 나무가 죽는다.

　　　乙 丙 戊 乙
　　　未 戌 寅 卯

楠曰 丙火生印土透天
　　　無夫入格福連綿
　　　身衰宜入南方運
　　　用印分明豈偶然

丙火를 印綬가 생하고 土가 天干에 透出하여
夫星이 없기에 入格이 되니 福이 連綿하다.
身이 쇠하니 마땅히 南方運으로 들어갈 것이니
印綬를 씀이 어찌 우연이겠는가.

4) 月支正財格/ 附棄命從財格

日干	甲	乙	丙	丁	戊	己	庚	申	壬	癸
天干	己	戊	辛	庚	癸	壬	乙	甲	丁	丙
地支	午 · 丁己	巳 · 丙戊庚	酉 · 辛	申 · 戊庚壬	子 · 癸	亥 · 壬甲	卯 · 乙	寅 · 甲丙戊	午 · 丁己	巳 · 丙戊庚

楠曰, 正財란 무엇인가? 財는 나의 性命(生命)을 기르는 物이니 사람이
이를 보면 未嘗不 욕심을 갖는다. 만약 身主가 有氣하면 그것을 씀(任)
수가 있는 바, 金寶며 田産 같은 것은 모두 나의 物이다. 身弱하면 처분(任)
할 수가 없는 바, 도적이 넘보고 재물로 인한 사건이 생기면 害命하는
物이 된다.

書云, 財星이 殺을 좋아하는바 다시 殺을 만나면 十중에 九는 貴하니,
이치는 비록 깊어도 말을 드러내지 않았으니, 만약 財用神의 사람이
日干이 왕하고 比肩兄弟가 많으면 이 비겁이 나의 재물을 나누어 빼앗는
바, 官殺로써 그 比刦을 제거하면 그 재성이 존립한다. 만약, 身弱하고
多財한데 다시 官殺이 自身을 극하려 들면 自己의 性命마저 보전할 수
없으니 어찌 그 재물을 향유할 수 있겠는가? 만약에 재성이 쇠약하고
신주(身主)가 왕하면 식신 상관이 그 재신을 생해 주기를 기뻐한다. 만약
身主가 弱하고 財星이 많으면 兄弟比刦이 財를 나누어 갖고, 父母印運이
자신을 돕기를 좋아한다.

무릇 偏財를 쓰는 자는 많이 부귀하고, 正財를 쓰는 자는 많이 이에 미치지 못하니, 대개 陰이 陰을 극하고 陽이 陽을 극하면 재성이 有氣하다. 時日에 偏財를 쓰는 것이 더욱 아름답다. 이것은 바로 시험을 거친 바가 많은 것이니 偏財를 쓰는 것이 上格이 됨을 알 수 있다. 또한 財神은 친절해야 하는 바, 만약 比肩이 간격을 두면 純和하지 못하니 또한 不美하다. 이는 五行의 正理에 관계된다.

棄命從財格이란 陰陽을 물론하고 日主가 다 從하는 것이다. 財는 곧 나의 妻인데, 身主가 무력하면 그 財를 처리할 수가 없는 것이다. 단지 性命을 버리고 그것을 따라가야 한다. 마치 사람이 자기 줏대가 없고 보면 처가에 데릴사위(入贅)로 갈 수 밖에 없는 것과 같다. 요컨대 재성을 생하고 일으켜 주어야 한다. 단지 또한 身이 旺한 곳으로 들어가거나 印이 생해주는 곳으로 가면 두렵다. 즉 棄命從殺格과 같은 이치이다.

繼善篇云, 一世에 安然한 것은 財命이 有氣함에 있다. 補曰, 이 문단에 兩說이 있다. 혹은 財命有氣는 財星과 身命이 모두 有氣함이라 하고 혹은 순수하고 財星이 生旺有氣의 곳에 있는 것을 지칭한다고 한다. 經文에도 많이 命字가 財와 連하여 말하고 있는데, 今人 또한 此를 이르기를 사람이 財命을 좋아한다고 함은 이것이다. 後說은 경강부회이다. 玄妙決云, 官은 扶身의 本이요, 財는 養命의 源이라 한 것은, 命이란 身命이 分明하다. 하물며 旧註가 또한 財와 命을 나누어 둘로 하는 것이 辭가 명쾌하지 않다. 淺見한 사람들이 前說을 의심한 까닭에, 經文이 밝히지 못한 바를 밝혀서 순하게 따를 수가 있다. 가령 재가 왕해서 유기해도 신약자는 결코 안락한 복을 누릴 수가 없거늘 하물며 一世인가! 그러므로 上篇에 이르기를 財多하고 身旺하면 많이 뜻에 맞다(稱意)라고 하고, 또 古歌에 이르기를 財가 많고 身이 健康하면 비로소 貴하다 하고 身이

쇠약하면 禍가 臨한다 하였으니, 이에 말미암아 관찰하건데 財命이라
함은 마땅히 둘 임이 더욱 분명하다.

古鵠鵠(고자고)天云, 正財가 有氣하면 身强함을 기뻐하니, 陽이 陰財를
取하고 陰이 陽財를 取한다. 日干이 약하고 財星이 왕하면 뒤집혀 禍를
이루고 身强하고 財旺하면 名利가 장구할 것이다. 단지 官鬼를 근심하고
空亡을 두려워 하지만 印綬가 相生해 주면 영화와 부귀가 昌昌하리라.
財星이 휴구(休咎)를 만난 소년은 여의치 않지만 늙어서 왕운의 세월을
맞아 늦게 風光이 아름답다.

補曰, 가령 甲이 午月에 生하면 午中의 己土가 甲木의 正財가 되고,
丁火가 己土를 生하고, 乙木이 巳月에 생하면 巳中의 戊土가 乙木의
正財가 되고 丙火가 그것을 生하면 正財가 有氣한 것이다. 甲寅乙卯日은
祿에 坐하고, 甲子乙亥日은 寅에 坐하니 혹, 柱中에서 日主를 生扶하면
이것이 身强正財有氣라는 것인 바 가장 좋은 것이다. 甲이 午月에 生하고,
丙이 酉月에 生하고, 戊가 子月에 生하고, 庚이 卯月에 生하고, 壬이
午月에 生하면 陰支가 陽干의 正財가 된다. 乙이 巳月에 生하고, 丁이
申月에 生하고, 己가 亥月에 生하고, 辛이 寅月에 生하고, 癸가 巳月에
生하면 陽支를 取하여 陰干의 正財를 삼는다. 만약 身이 休咎나 死敗에
居하여 天元이 이약(贏弱)한데 柱中의 干支에 財가 거듭하거나 三合하여
財가 많으면 이익됨이 없을 뿐만 아니라 도리어 殺을 生하고 재앙을
生하여 이른바 "다만 日干이 본디 약한데 財가 많고 살을 生하면 生命이
쇠하게 달린다(趕:달릴간)"라는 것이 이것이다. 만약, 日主가 臨官地에
居하여 旺한데, 柱中에 生扶해서 財가 三合하여 太旺하면, 富貴가 이롭게
달하고, 성예(聲譽)가 현저하리라. 이른바 재다신왕(財多身旺)하면 많이
뜻에 맞다(多稱意)라는 것은 이것이다. "관귀가 근심스럽다"라고 하는

것은 바로 재(財)를 도적질하는 기(氣)이기 때문이다. 我를 剋하는 것은 본디 우려가 된다. 正財가 盜氣가 많으면 本身이 스스로 유약해 지는 것을 두고 하는 말이다. "공망이 두렵다"라고 하는 것은, 바로 六甲空亡을 두고 하는 말인데, 甲子旬中에 戌亥가 空亡이 되는 類이다. 財가 空亡에 떨어지면 반드시 빈군(貧窘)하고 재산을 모을 수 없으니, 가히 두렵다는 것이고, 정히 공망이 해로우니 堆金積玉을 하기에 근심스러워서, 반드시 가난하다는 것이다. "인수가 상생하면 榮富貴하다"는 것은 대개 財가 많고 身弱한데, 官鬼를 띠고 印綬가 相生하면 자연히 부귀 榮昌한다는 말이다. 獨步에 이르기를 먼저 財가 있고 뒤에 印綬가 있으면 도리어 福을 이룬다 하고, 通明賦에 이르기를, 財가 印綬의 도움을 얻으면 駙馬의 수레를 타는 것과 같다는 것은 이를 두고 하는 말이다. "휴구소년(休咎少年)"두 句는 四柱에 이미 財가 많아 身弱한데, 大運이 또 財官旺地로 가서 財官이 왕하면 身体가 힘을 못쓰고(囚) 더욱 약해진다. 비록 한창 나이더라도 休咎의 땅을 경유하게 되면 또한 如意치 못하니 비단 發福하지 못할 뿐만 아니라 또한 화환(禍患)이 百出하고 혹시 末年에 다시 父母之鄕을 회복하거나, 三合이 나를 도와 내가 왕하면 우쩍 흥해서(勃然而興) 부귀영화가 드러난다. 만약 身과 財가 兩停하거나 身旺하고 재경(財輕)하면 財官旺運을 기뻐하고 身旺比刼之鄕을 끄리니 마땅히 輕重을 較量해야 한다. 또한 身弱해서 根氣가 全無하고 만국(滿局)이 財殺이면 棄命從之者이니, 다시 財官이 旺한 곳으로 가면 發福하는 자 있으니 身弱財多로 성급하게 판단해서는 안된다.

「四言獨步」기명종격론(棄命從格論)云, 陰火가 酉月에 生하여 棄命就財하면 대운이 北으로 가면 格에 합당하나 南으로 가면 재앙이 된다라고 함은 이 한 문단을 들어서 十干의 종재(從財)를 단정하고 있는 것이다.

楠曰, 丁火가 酉에 長生하고 편재가 득위하여 柱中에 三合하여 財多하고 전연 根氣가 없으면 기명취재격(棄命取財格)이 되니, 운이 壬癸亥子의 方位로 가서 北行하게 되면 많이 부귀쌍전하고, 丙丁巳午로 가서 南으로 달리면 火가 根氣가 있어 身을 도와 旺해지게 되니 財와 敵對하여 從財가 불가능하게 되어서 도리어 禍咎가 되니 이른바 根氣를 만나면 損命한다는 것이 정밀함을 나타낸다는 말이 이것이다. 이 北行하면 入格이라는 一句를 관찰하면 從財가 殺을 기(忌)한다는 것에 또한 구니(拘泥)될 필요가 없다.

己　丙　丁　辛
酉　寅　酉　巳

丙生酉月火神微
丙이 酉月에 生하여 火氣가 미약하니
財旺如嫌火氣虧
財가 旺해서 火氣가 이지러질 혐의가 있다.
火少金多宜火地
火는 적고 金은 많아 火地가 마땅하니
陶朱倚賴富堪期
陶朱公과 같은 富를 기약하겠네.

丙　癸　戊　壬
辰　卯　申　辰
　　　　局　　　　財旺生官

癸甲乙丙丁
卯辰巳午未

　　　楠曰 生申戊土透夫星

　　　　　　財旺生夫格本明

　　　　　　運入南方夫旺地

　　　　　　相夫相子步靑雲

　　癸水가 申月에 生하여 戊土 夫星이 투출했으니

　　財가 왕해서 夫星을 생하는 格局임이 분명하다

　　運이 南方 夫旺地로 들어가니

　　남편과 아들이 靑雲을 밟으리라

　身主가 不柔하고 夫星이 氣輕한 바 바로 有病方爲貴라 이른다. 남방으로 가서 財가 夫를 생하여 夫가 왕하니 夫子가 貴顯이라. 豈偶然哉.

5) 時上偏財格 附月偏財格

日干	甲	乙	丙	丁	戊	己	庚	辛	壬	癸
天干	戊	己	庚	辛	壬	癸	甲	乙	丙	丁
地支	巳 •丙戊庚	午 •丁己	申 •戊庚壬	酉 •辛	亥 •壬甲	子 •癸	寅 •甲丙戊	卯 •乙	巳 •丙戊庚	午 •丁己

　楠曰, 時上偏財格은 원래 日幹이 有氣함으로써 능히 그 財를 처리(任)할 수 있어야 한다. 이를테면 甲寅日 戊辰時의 경우이다. 天干에 財神이 투출하였으니 이 格은 곧 진격이다.

　만약에 歲月에 財가 있어 서로 섞이면 格이 순수하지 못하다. 身旺해서 財를 당할 수 있고, 食神의 運이 그 財를 생해 주기를 기뻐한다.

　官殺을 꺼리는 바, 日干을 극도(剋倒)하여 그 재를 감내(任)할 수 없게 한다.

대개 身이 太旺하고 比肩이 많으면 官煞運이 써 그 比肩을 제거해서 財를 放起케 함을 좋아한다. 執泥할 수가 없다. 偏財만을 쓰는데 日主가 왕하면 부귀하다.

원래 陰이 陰을 剋하고 陽이 陽을 剋하면 財神이 친절하고 有氣하다. 正財를 쓰면 그 아름다움이 나타나지 않는다.

偏財는 곧 橫財이니 身旺하면 흔히 시사(施捨)하는 호기(豪氣)가 있으며 횡재하여 表災하는 일이 많은 바, 이치가 정연한 데서 나온 것이다.

古歌云, 偏財는 본디 衆人의 財이니 干支에 比劫이 오는 것을 가장 꺼린다. 身强하고 財旺하면 多福이 되고 만약 관성을 띠면 더욱 묘하다(月支 正財와 비교하라).

補曰, 偏財는 陽이 陽財를 보고 陰이 陰財를 보는 것을 이름이니, 甲이 戊를 보고 乙이 己를 보는 따위이다. 그러나 偏財는 衆人의 財이며 非義로 不當하게 획득한 財인 것이다. 오직 干支에 比肩劫財가 분탈(分奪)하면 온전하지 못하니, 이른바 姉妹兄弟가 나누어 탈취하면 功名을 이룰 수가 없고 禍患이 연달아 생기는 것이니 官星이 없으면 禍患이 百出한다. 그러므로 이르기를, "若帶官星更妙哉(약대관성갱묘재)"라 했다. 다만 身歲가 無力하고 財가 弱하고 根氣가 없는 것을 두려워하니 그래서 말하기를 "身强財旺皆爲福"이라 했다. 왜 그런가 하면 원래 身旺해야 스스로 財를 勝할 수 있고, 財旺해야 스스로 官을 生할 수 있기 때문이다.

又 古歌云, 時上에 하나의 偏財가 있는 것은 아리따우니, 沖破를 만나지 않으면 영화를 누릴 수가 있고, 敗財 劫財 羊刃이 없으면 부귀가 쌍전하여 石崇에 견준다.

補曰, 時上偏財라는 것은 庚寅이 甲干이나 寅支를 보고 辛日이 乙干이나

卯支를 보는 따위이다. 다만 하나라야 貴하고 많음을 요하지 않고 年月日
이 沖破하는 것을 두려워한다. 寅이 申을 沖하고 酉가 卯를 沖하는 것이
이것이다. 이 沖을 만나지 않으면 영화와 부귀를 누린다. 柱中이나 運에서
敗財, 이를테면 辛이 庚이나 申을 보고 劫財, 羊刃 이를테면 庚이 辛
및 酉와 같은 類를 보면 반드시 상처하고 모재(耗財)하며 破家해 마지않을
것이다. 만약 干支가 만나지 않으면 부하고 財하며, 貴하고 權하여 石崇에
가히 견줄 수 있다.

補曰, 正財 偏財는 모두 身旺과 印綬를 기뻐하고, 倒食 身弱 比肩 劫財를
꺼리며 다만 偏財는 官星을 보면 기뻐하나, 正財는 官星을 꺼린다. 그러므
로 〈集說〉에 이르기를 "正財偏財二格은 喜氣가 크게는 같지만 오직 官星
을 기뻐하고 官星을 꺼리고의 작은 차이가 있을 따름이다."라고 했다.

또한 偏財는 爲人이 有情하나 多詐하고 主로 강개(慷慨:(불의나 불법을
보고)의기가 복받쳐 한탄하고 분개함, 또는 그 마음)하고 인간(吝嗇:린 아낄
린(소중히 여김. 인색한) 慳:아낄 간, 인색할 간, 吝嗇)하지 않다.

원래 財는 몸을 이롭게 하지만 또한 誹謗을 초래할 수 있으며, 비록
官星을 좋아 하지만 또한 身의 강약과 運의 성쇠를 비교형량해서 말해야
한다. 가령 運이 旺相한 곳으로 行한다면 福祿이 함께 모일 것이며, 官鄕으
로 행하면 곧장 祿이 發할 것이다. 만약 財가 勝하고 身이 弱하면 運이
官鄕에 이르러 財의 盜氣가 되고, 官이 身을 剋하여 發祿하지 않을 뿐만
아니라, 또한 患咎를 막아야 할 것이다.

가령 四柱에 먼저 官星을 띠고 있으면 바로 好命으로 본다. 만약 四柱에
兄弟가 輩出하면 설사 官鄕에 들더라도 반드시 發祿이 적을 것이다.
正財는 사람됨이 誠信하여 作事에 儉約하고 信에 處하여 聰明하지만
오직 慳吝(간인, 인색)하다. 비록 正財가 官星을 보는 것을 기뻐하지

않고 도재(盜財)의 氣를 두려워 하지만 그러나 四柱가 財多身旺하고 比刦이 거듭하면 또한 官殺이 比刦을 制伏하는 것을 기뻐한다. 그래서 이르기를, 財를 만나서 殺을 보고 官을 보면 더욱 妙하고 財는 장(藏)하고 官은 로(路)하면 마땅히 貴格이 된다. 推斷함에 있어서, 官星을 보는 걸 기뻐하지 않는다는 설에 또한 구애되어서는 안 된다.

偏財

乙 壬 丙 己
巳 寅 子 酉
偏財　偏財

戊己庚辛壬癸甲乙
辰巳午未申酉戌亥
｜　　　｜
死　　旺　不利(壬水長生)

壬水가 子月에 生하여 偏財가 3位이다. 南方運에 복록을 누리다. 身旺, 2木 傷官을 2金이 당적하니 病이 없다. 따라서 壬干이 不貴하다. 月上에 偏財가 있으니 강개하고 신왕하니 희사(喜捨)하다.

6) 傷官格·食神格

日干	甲	乙	丙	丁	戊	己	庚	辛	壬	癸
傷官 天干	丁	丙	己	戊	辛	庚	癸	壬	乙	甲
傷官 地支	午 •丁己	巳 •丙戊庚	午 •丁己	사 •丙戊庚	酉 •辛	申 •戊庚壬	子 •癸	亥 •壬甲	卯 •乙	寅 •甲丙戊
食神 天干	丙	丁	戊	己	庚	辛	壬	癸	甲	乙
食神 地支	巳 •丙戊庚	午 •丁己	巳 •丙戊庚	午 •丁己	申 •戊庚壬	酉 •辛	亥 •壬甲	子 •癸	寅 •甲丙戊	卯 •乙

南曰, 傷官食神은 一陰一陽으로 되는 것이 傷官이고 陰이 陰을 보고 陽이 陽을 봐서 되는 것이 食神인데. 모두가 나의 血氣를 훔치는 것이다. 子平書에서 傷官食神의 이치를 논하는 것은 글이 비록 대단히 많긴 해도 말하는 바가 모두 친절치가 못하다. 무엇을 상관이라 하는가? 대저 사람의 몸이 官星으로써 管我하는 官으로 삼는 바, 府縣의 官과 같은 類이니 일체의 行爲가 규범에 맞도록 해서 함부로 망녕되지 않게 하는 것인데, 傷官이란 것은 그 官을 상살(傷殺)해서 관청의 관제에 불복하는 것으로써, 마치 上官을 죽이는 것에 대해 강적을 化民하는 것과 같다. 이 격(傷官)과 같은 것은 官星을 보지 말아야 하니 다시 官星을 보면 府縣의 官을 처부순 자가 다시 府縣의 官을 보게 되면 官이 그대로 그냥 두겠는가? 지금 書에서 다만 이르기를 "傷官이 官星을 보면 禍의 실마리가 백이다"라고 할 뿐, 그 이치를 直言치 않고 있다. 또 말하기를 "상관은 상관으로 다하는 것이 가장 기이하고 더욱 두려운 것은 상관이 많아서 도리어 마땅치 않는 것이다"라고 한다.

이것이 비록 正理이고 뜻이 통하고 깊지만 그러나 傷官格이 四柱에 官星을 다시 보지 않아야 본연에 入格한다고만 한다면 그러나 지나치게 순수해서 病이 없으니 위의 病弱說에 事故가 나타난다(병약설이 말하는 貴命에 들어맞지 않는다는 뜻 - 필자 注). 그러나 日干이 有氣하지만 四柱가 상관이 거듭되면 내 몸의 氣를 도진(盜盡)시켜 버리게 되니, 이를테면 사람이 여러 차례 大黃, 朴硝와 같은 여러 가지 통기약을 먹어서 이로 인해 그 원기를 洩傷시켰다면, 어떤 약으로 이를 구할 것인가? 이와 같이 약하면 附子와 같은 溫藥을 써서 그 性命(生命)을 구해야 하는 바, 만약 八字가 거듭 상관 식신이 있고 日主가 본디 쇠약하다면 급히 모름지기 印運으로 가서 그 상관을 파괴하고 비겁운으로 가서 日主를 資生케 해야 하는데 이것은 有病의 命이 藥을 얻어 구하게 되는 것으로 또한 대부분 부귀하다. 또 이를테면 日主가 生旺하고 比肩이 太多하며 財神이 쇠약하다면 대저 상관이 財로써 用神으로 삼는다. 그러면 또 官星으로써 比劫을 제복하여 그 財星을 存起하게 하는 것을 기뻐한다. 어찌하여 '喜見官'이 前後進退하는 말인가?(이랬다 저랬다 하는가?) 나의 本身 兄弟가 太多함으로 해서, 官星이 나의 兄弟를 겸제(箝制:자유를 구속함, 겸:끼울 겸, 항새 겸, 재갈 겸)하여 財星을 存起케 하는 것이니, 이 官星은 나를 福되게 하는 것이요 나에게 禍를 미치게 하는 것이 아니다. 그러므로 書에 이르기를 "木火 傷官이 官을 보면 官이 旺해야 되고 金水 상관은 火를 얻어 그 精英을 泄하면 대부분 부귀하고, 北方運으로 가면 그 虛火를 파해서 바로 이른바 가상관이 印運으로 가면 반드시 죽는다 하고, 진상관이 상관운으로 가면 반드시 滅한다"라고 했다. 이를테면 甲乙木이 巳午未月에 生하여 傷官으로 泄氣가 太重한데, 다시 寅午戌 火運으로 가서 木의 精英을 泄하면 어찌 죽음을 면할 수 있겠는가? 書에 이르기를 木이 재가 되어 날리면(木作飛灰) 남아가 요수한다 했다. 그러나 傷官格의 사람은 대부분 오기(傲氣)가 있다고 하는데 왜인가?

子平之言은 그 至極한 이치를 말하지 않고 있다. 대저 사람이 官을 쓰는 것은 나를 管制하는 官이 되게 함인데 나는 그 官을 두려워하지 않고 그것을 상하게 하니 이것은 내가 非定하게 되도록 肯放하는 것이니 이것은 好傲하고 好僭(僭:참람할 참, 자기 신분에 어긋남)하지 않겠는가. 또 매우 총명한 것은 어째서인가? 대저 日主의 氣가 그 精英을 破泄하는 것은 그 꽃(英華)이 밖으로 피어난 것이기 때문에 총명한 것이다. 만약 日刊이 旺해서 精英을 泄하기를 기뻐하면 경상(卿相)이 된다. 만약 日干이 弱하고 泄氣가 太多한 자는 迂謬(우:급을, 멸)하고 寒儒가 되니 일반적으로 말하면(蓋) 아마도 精英을 泄하는 것은 精英에 好함이 되지 않기 때문이다. 남자가 官星으로써 子宮으로 삼는데 상관을 봐서 그것을 破한다면 剋子이니 그 이치는 쉽고 밝다. 만약 財가 나타나서 암암리에 子星을 생하면 또 子가 있다. 食神格에도 유사함이 많은데, 만약 二三点의 식신이 나타나서 섞이면 상관으로 본다. 만약 하나의 食神과 財는 食神生財格이 되니 日刊이 旺할 것이 요구되고, 食神이 그 財星을 生함에 있어서는 偏印을 가장 꺼리니 효신(梟神)이 탈식(奪食)을 한다. 만약 식신이 많으면 두렵지 않다. 하나이면 진상관과 같이 印運이 두렵지 않다. 만약 하나에 그치고 다시 梟神이 있어 기약한데 柱中에 관살이 있다면, 본디 이 식신에 의하여 살을 제복하는 것인데, 지금은 이 효신에 의하여 식신을 破去하므로써 식신이 제살할 수 없게 되니 殺이 얼씨구나 하고 내 몸을 극하게 된다. 따라서 빈한하고 夭壽한다.

　傷官格이 入墓運을 두려워 하기 때문에 그 禍가 甚熱하다고 말하지만, 이것 또한 立說한 뜻을 推明할 수가 없다. 대저 상관격은 곧 官長을 傷殺하는 기질(相)이 있으므로 이와 같은 사람은 뇌옥(牢獄)에 들어가게 되고 반드시 고초(苦楚)가 많다고 하나 이 설 역시 이치에 가깝지 못하다.

　다만 본디 眞傷官이 太多해서 泄氣가 太過하면 傷官入墓의 運으로 가는 것을 좋아하지 않는데, 한 点 傷官을 첨가하면 精神을 泄함이 더욱 심해서 흔히 死亡한다. 또한 金寒水冷하면 丙丁火 官星이 그 金氣를 따뜻하게 해 주는 것을 기뻐한다. 만약 水氣가 많지 않고 金氣가 왕하지 않으면 官府가 또한 두렵다. 또 이르기를 "土는 入墓의 害가 없다"고 하고 또 "假傷官이 氣가 가볍고 日干이 왕하면 傷官이 泄하고 官星을 봄이 좋다"고 하지만 前人이 헛되이 立言해서 도리어 사람을 혹되게 하고 철저히 규명하지 못한 進退之說이다. 아마도 구애될 필요가 없다.

왜일까? 대저 木火傷官格은 甲乙 木이 正月에 生하여 火를 보면 假傷官이 되는데, 火는 虛火로써 그 불꽃(焰)이 치열하지 못하고 木氣는 朴堅해서 비록 火를 보아도 木의 眞性은 타 버리지 않지만, 재차 木이 왕하면 庚金 旺相의 官星이 그 木을 극제하면 기뻐한다. 즉 金木이 成名하는 것으로 되면 '木火見官官要旺'의 이치가 그러하다.

　만약 甲乙 木이 巳午月에 生하여 炎火가 甲乙木의 氣를 훔치면 이르기를 眞傷官이라 한다. 원래가 木의 精英을 泄함이 太多한데, 다시 庚辛 官殺이 日主를 剋制하면 木火傷官이 官星을 보는 것이 두렵다. 만약 日主가 旺하고 傷官이 官殺을 많이 보면 도리어 내가 殺을 기(羈)하는 것이니 또한 대부분 부귀한다. 金水傷官이 官星을 보는 것을 기뻐하는 것은 어째서인가? 庚辛 日主가 子月이나 혹은 亥丑月에 生하여 거듭 庚辛의 氣를 泄하면 金官은 가고 도리어 官을 끄린다(金官去反成官)고 하고, 마땅히 官星을 制去해야 한다는 것은 이치에 가깝다.

　오직 水木 상관은 財官이 둘 다 나타나도 기뻐한다는 見財는 마땅하나 見財官은 마땅치 않다. 아래의 이 官字는 되레 사람을 미혹시킨다. 그러나 상관격에 진상관과 가상관이 있는 바 진상관이라고 하는 것은 甲乙 日干이 巳午未月에 生하면 眞火가 傷官으로 用事를 하게 된다. 대저 甲乙 日干이 火에 의해 그 精英을 태워버리게 되니 만약 火가 많아서 木性을 잃게 되면 北方運으로 가서 그 상관을 파해서 그 木氣를 扶起함을 기뻐한다. 만약 一二点의 火는 또한 印으로 그것(火)을 破하는 것이 두렵다. 그러므로 "破한 상관은 壽元을 던다."(破了傷官損壽元)라고 했다.

　만약 甲乙 木이 寅卯月에 生하여 火를 보면 假傷官이 되는데, 그 火氣는 아직 치열하지 못하니 이 虛火를 用神으로 하면 바로 이르기를 "木이 능히 火를 生하고 木은 榮昌하다. 木火通明하여 佐廟廊(황제의 측근 벼슬)

이다."라고 했다. 又曰, "假傷官은 상관운으로 가면 발한다."라고 했다. 만약 南方火運이 그 虛火를 도우고 또 木氣가 견박(堅朴)하고 생기가 넘치면(精神), 다시 상관 墓地로 가서 一点 상관을 더하여 그(木) 생기를 泄하면 入墓運은 도리어 다분히 부귀를 누리는 것이니 또한 入墓가 어떻다고 말하는 것은 옳지 않다. 다만 마땅히 상관의 경중에 따라 진과 가를 논하는 것은 이치가 깊다.

　補曰, 傷官이란 내가 상대방을 두고 하는 말이다. 陽이 陰을 보는 즉 甲이 午月에 生하고 戊가 酉月에 生하는 따위와 陰이 陽을 보는 즉, 乙이 巳月에 生하고 己가 申月에 生하는 따위이다. 또한 盜氣라고도 하거니와, 身旺함을 기뻐하고, 印綬를 좋아하고, 財星을 기뻐하고, 傷官을 기뻐한다. 身弱을 꺼리고, 財가 없음을 꺼리고, 官星을 꺼린다. 歲運에서도 마찬가지이다. 만약 甲이 午月에 生하여 干頭에 또 丁火가 重重하고, 柱中에 官星이 나타나고, 歲運에서 다시 이것을 보면 이것을 일러 身弱이 官을 만나 傷하여 다하지 못하면 그 禍를 이루 다 말할 수 없다라고 하는 것이다. 그러므로 "傷官이 官星을 보면 禍가 百端이다. 有財有印하면 풀린다."라고 한다. 만약 상관이 傷盡되어 一点 관성도 남기지 않고 신왕과 인수운으로 간다면 도리어 貴하게 된다(却爲貴也). 그러므로 〈定眞篇〉에 이르기를, "傷官이 印綬를 보면 貴히 됨을 말로써 다 할 수 없다."라고 했다. 만약 四柱에 官星이 傷盡되어 身이 비록 왕하다고 해도 한 점의 財氣도 없다면 단지 빈박(貧薄)한 命일 뿐이다.

　그러므로 〈元理賦〉에 이르기를, "傷官이 無財하면 비록 巧함을 믿으나 반드시 가난하다. 모름지기 財를 보는 것이 妙하니 이것은 능히 官을 生하기 때문이다. 傷官七殺은 七殺이 상신(傷身) 하는 것보다 심하니 그 징험이 神과 같다."라고 했다.

年이 상관을 띠면 父母가 온전치 못하고, 月이 상관을 띠면 兄弟가 不完하고, 時가 상관을 띠면 子息이 흉완(凶頑)하고, 日帶傷官이면 妻妾이 不完하다. 傷官에 본디 관성이 있을 때 운에 가서 관성을 제거하면 발복하고, 傷官用財格은 比肩을 보면 禍가 되나 상관운으로 가면 발복한다. 만약 四柱에 傷官이 無財하고 다시 比肩이나 刦財를 만나면 奸巧하며 剋妻傷子之命이다. 原命에 傷官이 많으면 다시 傷官운으로 가는 것이 마땅치 않으니 모름지기 官을 보아야 발복한다. 그러므로 "傷官格에 官이 없고, 다시 傷官을 보면 건체(蹇滯)하고 운이 官鄕으로 들어가면 도리어 귀하게 된다."라고 했다.

만약 상관이 가벼워 단지 한 자리뿐이라면 상관운으로 가는 것이 마땅하니, 마땅히 경중을 헤아릴 것이요, 하나로만 집착해서는 안 된다.

또 이르기를 傷官格은 사람됨이 재고(才高)하고 기오(氣傲)해서 항상 天下之人이 자기만 못하다고 생각하고 속이고 모욕하려 드니 사람들이 싫어하는 바, 귀인이 또한 꺼린다. 古歌云, "傷官은 그 심지가 王侯에게도 오만하고 이기기를 좋아하며, 剛한 중에 강(强)하려 하고 머리(頭)로 나가려 한다."

傷官은 확실히 官星과 相見하기를 좋아하지 않는다. 金人의 水傷官, 水人의 木傷官, 木人의 火傷官은 官星을 보는 것을 大忌하지는 않는다. 그러므로 古歌에 이르되, "火土傷官은 상진(傷盡)됨이 마땅하고, 金水傷官은 官星을 보기를 기뻐하고, 木火傷官은 官이 왕해야 되고, 土金傷官은 官을 꺼리며, 오직 水木傷官은 財官을 다 기뻐한다"라고 하였다.

『三命通會』曰 "經云, 五行傷官은 오직 火土傷官과 土金傷官은 官星을 꺼린다. 그러나 金水, 水木, 木火는 官星을 꺼리지 않는다.

대저 火는 水로써 官을 삼고, 土로써 傷官을 삼는데, 水는 土의 克을 두려워하고 土는 水를 만나 無益하다. 土는 木으로 관을 삼고 金으로 傷官을 삼는데 木은 金의 克을 두려워하고 金은 木을 만나 無益하다. 火土, 土金 상관격이 관성을 꺼리는 이유이다.

金은 水로 傷官을 삼고 火로 官을 삼는데 水가 비록 火를 克하지만, 金寒水冷하면 火의 따뜻함을 얻지 못하면 濟物하기가 어렵거늘, 하물며 水가 火를 얻어 旣濟의 공덕을 이루는 데서야!

水는 木으로 상관을 삼고 土로 관성을 삼는데, 木이 비록 土를 克하나 만약 水泛하여 木浮하는 데는 土의 제지를 얻지 못하면 존립하기가 어렵거늘, 하물며 木이 土를 얻어 栽培하는 공덕을 이룸에 있어서야!

木은 火로 傷官을 삼고 金으로 官을 삼는데, 火가 비록 金을 克하지만 만약 木이 번성하여 불이 꺼지려 한다면 金의 삭탈(削脫)을 얻지 못한다면 通明하기가 어렵거늘 하물며 金이 火를 얻어 器物을 이루는 데 있어서야! 이것들이 金水木의 傷官格이 官星을 꺼리지 않는 이유가 된다. 古經云, "傷官火土宜傷盡, 金水傷官要(喜)見官, 木火見官官要旺, 土金官去反成官, 惟有水木傷官格, 財官兩見始爲歡"이라고 한 것이 이것이다."

張楠曰, 男命에 상관이 거듭되면 본래(固) 剋嗣하지만 傷官에 有財하면 또한 아이가 많다.

亦曰, 傷官에 有財하면 死宮이라도 有子하고, 無財하면 子息이 있어도 죽어 있다. 傷官을 범하면 본래(固) 刑夫하지만 그러나 財와 印이 모두 旺하면 또한 영부(榮夫)한다. 그러므로 가로되 女命傷官格은 大忌하나 財가 旺하고 印이 生하면 夫榮子貴하다.

「金不換」云, 傷官四柱가 官星을 보면 노경(老境)에 無兒하다. 又曰, 傷官傷盡이 홀연히 官星을 보면 凶하고, 傷官이 官星을 보았으나 묘하게 財印으로 들어가면 곧 풀린다.

「纂要(찬요)」云, 무릇 傷官이 旺相地로 가면 吉하고 死墓地로 가면 凶하다고 하는 것은 陽順陰逆을 用神으로 추찰(推察)한다. 예컨대 甲을 쓴다면 亥에 長生하고, 子에 沐浴, 丑에 冠帶, 寅에 臨官, 卯에 帝旺, 辰에 衰, 巳에 病, 午에 死, 未에 墓, 申에 絶, 酉에 胎, 戌에 養이 되는 것이 이것이다.

補曰, 무릇 傷官格이 旺相으로 가면 吉하다는 이 말은, 四柱에 傷官이 輕한데 運이 旺相한 臨官帝旺의 地로 가면 吉해서 福榮하고, 死墓는 모두 凶하다는 이 말은 四柱에 傷官이 重한데 死墓運으로 가면 모두가 凶해서 禍敗한다는 것이다. 예를 들면, 甲이 午月에 生하고 乙이 巳月에 生하여 柱中에 寅午戌子가 있거나 또 戌地로 가서 寅午戌 三合을 만난다면, 이르기를 入墓必禍라는 것이 이것이다. 陽順陰逆을 用神으로 미루라고 하는 것은, 이 말은 陽傷官이 用神이 되어 運이 順行하면 그 禍가 커서 죽는 수가 많고, 陰傷官이 用神이 되어 運이 逆行하면 그 禍가 적고 반드시 죽음에 이르지는 않는다. 그러므로 「醇醴子氣象篇」云, 入庫傷官 陰生陽死이다. 무릇 傷官이 輕한데 旺相으로 생하면 본래(固) 吉하다. 이를테면 年傷官이 柱中에 거듭하고 三合太旺하고 財가 없으면, 다시 旺相地로 行하더라도 泄氣가 愈甚하니 도리어 凶하다. 그러므로 古歌云, 年上에 傷官을 가장 꺼리는데 상관이 거듭되면 두려움을 덜게 할 수 없다. 又 古歌云, 傷官은 傷盡함이 가장 기이하고 傷官이 많으면 도리어

마땅하지 못하다. 이 격은 백가지 가운데 천변만화하고 때와 사정에
따라 모름지기 心機를 쓴다. 又 古歌云, 戊己가 生時에 상관이 있으면
氣가 不全하며, 月時 두 곳에 상관이 있으면 반드시 頭面에 휴손(虧損)이
있고, 瘡으로 고생하는 少年이다. 위의 三歌로 본다면, 柱內에 이미 상관이
重하면 旺相한 곳으로 行해서는 안되는 것이 분명하다. 纂要에서 말하는
輕한 것은 마땅히 旺相으로 行해야 하다고 하는 것은 마땅히 경중을
較量해야 되며 한 가지로 집착해서는 안 된다. 무릇 柱內에 傷官이 重한데
墓死로 가면 본래 凶하나, 傷官이 비록 柱中에 輕하지만 또한 入墓死絶의
運으로 가는 것이 不可하다. 그러므로 古賦云, 傷官, 食神身旺은 庫를
만나면 興災라 하지만, 禍가 있는 것은 비록 그러하나, 또한 마땅히 陰陽의
분변이 있는 것은 앞서 말한 바와 같다.

　　食神이란 것은 내가 상대방을 生하는 것을 말한다. 陽이 陽干을 보고
陰이 陰干을 보는 것이다. 甲日이 丙을 보고 乙月이 丁을 보는 例이다.
丙祿은 巳에 있는데 甲人은 丙과 巳를 보면 食神이 되고 丁祿은 午에
있는데, 乙人은 丁이나 午字를 보면 食神이 되는데 이것이 이른바 天廚食神
(廚:부엌 주)인데, 食神이 有氣하고 日干이 왕하면 貴하고 祿이 있으며,
富하고 壽한다. 그러므로 食神이 有氣하면 財官보다 좋다 하나, 먼저
日主가 강할 것을 요하고, 梟神이 奪食하는 것을 가장 꺼리며 比肩이
分食함을 꺼리며, 官星을 보는 것을 좋아하지 않고, 刑沖을 기뻐하지 않으며
財星이 相生함을 기뻐한다. 홀로 一位만 보이면 貴神이 된다. 대저 거듭
만나면 傷官이 되어, 도리어 不美하니 小子를 剋해서 難存이다. 만약
食神이 순수하면 財가 두텁고 食이 풍부하며 도량이 너그럽고 몸이 비대하
며 優遊自足하고 子息이 있으며, 壽考한다. 또 食神, 死絶운과 偏印梟神운
을 꺼리는데, 生災하고 不利하다. 偏才가 능히 구해준다. 그러므로 洪範云,

偏才는 능히 延年益壽하는 것은 능히 梟神을 制壓하기 때문이다. 又曰, 食神이 분명하면 壽가 원래 길하고 繼母를 만나면 불가하니, 만약 寵妾이 來救해 줌이 없다면 흡사 마른 풀이 가을 서리를 만난 것 같다.

古歌云, 食神이 生旺하여 財를 生함을 기뻐하니, 日主가 剛强하면 福祿이 올 것이요, 身弱하고 食多하면 도리어 害가 되고, 梟神을 만나면 凶하고 災하며 又曰, 食神이 生旺하고 刑剋이 없어 온전히 此格이 된다면, 財官보다 좋고 운이 生旺地로 가면 少年折桂하고 金鑾(금란: 천자가 타는 수레)에 절하리라.

病
壬 乙 庚 丁
午 巳 戌 丑
火

次好 最好
甲乙丙丁戊己
辰巳午未申酉
病神得地

楠曰　乙生戌月木神輕
　　　用火傷官作用神
　　　金水兩般爲我病
　　　南方火運長精神

乙木이 戌月에 생하여 木神이 가벼운데
火를 써서 상관으로 用神을 하도다.
金水 두 가지(般:數詞)가 病이 되니
南方 火運에 생기가 장구하겠구나.

풀이 : 乙木이 戌月에 生하여 金은 剛하고 木은 柔하다. 旺弱으로 본다면 남방운이 설기하여 不利하다고 할지 모르지만, 旺弱論 보다는 病藥論으로 봐야 한다. 대저 病이 있으면 十중 九는 징험이 있다. 八字에 병이 있는 자는 운이 그 병을 없애는 방향으로 가면 대체로 부귀한다.

이 사주는 戌中의 한 점 丁火가 투출하고 午戌이 半會火局하여 木火假傷官格을 이루었다. 여기서 月上의 한 점 庚金이 官星이 되어 我의 病神이다. 왜냐하면 본래 상관은 관성으로 病神을 삼기 때문이다.

書云, "有病方爲貴"라 했으니 早年 己酉, 戊申운에는 病神이 得綠하니 그 아름답지 못함을 미루어 알 수 있다. 한번 남방 丙午, 丁未로 들어가자 庚金 病神을 제거하게 되니 이른바 "格中如去病 財祿兩相隨"라 했듯이, 興家創業하여 곧 富를 이루었다. 乙, 甲운은 비록 丁, 丙운 만큼 庚金을 제거하는 데 친절하지 못해도 대체로 甲乙이 丙丁을 生하는 것을 기뻐한다. 老益精神하는 原因인 것이다. 단지 壬癸운이 와서 火를 파괴하여 庚子를 일으키니 不祿할까 두렵다. 다만 子星이 不足한 것은 대체로 日主의 氣가 中和를 잃은 탓이다. 만약 雜氣財官으로 論하면 전혀 妙理가 아니다.

<pre>
        病
丁 乙 辛 己
丑 亥 未 巳
    └──────┘
        病
</pre>

甲乙丙丁戊己庚
子丑寅卯辰巳午

楠曰 乙亥生臨未月投
      傷官木火是眞機

辛金透出爲眞福
丁丙交來是福基

乙亥日이 未月에 태어나서 丁火가 투출하니
木火 傷官格이 참된 틀이구나.
辛金이 투출하니 眞福이 되고
丁丙이 서로 와서 복된 터가 되도다.

풀이 : 乙木이 未月에 生하여 丁火가 투출하니 眞傷官格이다. 辛金과
巳丑 七殺이 病이 된다. 丁卯 丙寅으로 가면 火가 金을 극해서 多子
生하고 生財한다. 대개 日干이 有氣해서 능히 子를 맡을 수가 있기 때문이
다. 한번 丑운에 들게 되면 살성을 合起하게 되니 官訟이 있을 것이다.

傷　　　　　病
丙　戊　癸　己
辰　辰　酉　巳
　　　　死

丁戊己庚辛壬
卯辰巳午未申

楠曰　　戊臨酉月泄精英
　　　　丙火生身用印明
　　　　癸水劫來傷丙火
　　　　南方土運發非輕

풀이 : 戊土는 酉에 死하고 土의 精英을 洩한다. 巳宮의 丙火가 투출해

서 傷官이 된다. 傷官身弱에는 印綬로 用神을 삼는 것이 明白하다. 月上의
癸水가 印을 剋하니 病神이 되고, 다시 年上의 己土가 癸水를 剋去하고
運이 南方으로 行하여 戊辰己巳가 다시 病神을 剋去하니 富가 고을을
지켰다(臨邑). 大運이 다시 卯운에 들어 상관이 다시 관운으로 가게되니
死矣라. 그러나 아마도 大富가 된 원인은 八字가 순수하고 官星(癸) 병신이
있음을 기뻐하는데, 行運 辛未 庚午가 모두 病을 제거하는 신이고(未午가
辰酉金을 제거-필자 注), 또 戊己가 壬癸水라는 病을 제거한다. 두 가지
病이 모두 제거되었으니 아마도 富가 마땅하다.

丁　乙　庚　甲
丑　亥　午　戌

丁丙乙甲癸壬辛
丑子亥戌酉申未

楠曰　　乙木生居火土旬
　　　　時干透露火爲眞
　　　　庚金月上爲吾病
　　　　壬癸喪丁便可嗔

풀이 : 乙木이 午月에 生하여 丁火가 투출했다. 用火하니 眞傷官이다.
庚金이 貼身하여 我身을 制壓하는데 丙丁火를 쓸 수가 없으니 어찌하리오?
靑雲의 뜻을 이루지 못하는 원인이 된다. 이 한 점 庚金이 기반(羈絆)하고
다시 壬癸가 傷損하니 투출한 丁火가 官星을 제거할 수가 없다. 그러므로
蹇滯가 많고, 뒤에 甲乙丙丁이 病神 庚을 제거하여 자못 성공을 했다. 그러나
壬癸 天干의 水가 두려우니 丁火가 노출한 것이 적기 때문이다. 地支의

水가 두렵지 않는 것은 地支에 火가 많고 土가 있어 水를 제거하기 때문이다.

壬 庚 己 乙
午 子 丑 酉
←——→

癸甲乙丙丁戊
未申酉戌亥子

楠曰　庚生丑月寒氣凝
　　　氣弱能親劫有情
　　　最畏丙丁能破劫
　　　西方金旺頗精神

풀이 : 庚金이 丑月에 生하여 壬水가 透出하니 金水傷官을 이루었다. 金水가 추워서 丁火가 金을 따뜻하게 해 줌을 기뻐한다. 그러나 子午가 沖하니 丁火를 쓸 수 없음이 分明하다. 年月에 酉金이 類聚함을 기뻐하니, 庚金이 比劫으로 取用한다. 早年에 丁丙戊운으로 가서 劫神을 破去하니 多疾했다. 한번 酉申比劫 得地로 들어가서 身旺하여 이루었다.

己 丙 己 戊
亥 戌 未 午
甲　　乙
木

丙乙甲癸壬辛庚
寅丑子亥戌酉申
　　　　×
　　　艮土

楠曰　戊土重重泄火精

身衰用印理分明
早年最畏財傷印
水運來資印有情

풀이 : 丁火가 未月에 生하여 火가 비록 有氣하지만 土가 많아서 火의 精英을 泄하니 旺이 변해 弱하게 되었다. 甲乙木神이 결국에 힘입고 있으니 身弱用印이 分明하다. 일찍이 西方 金이 印綬를 剋하여 不利하고, 戌운은 土를 보아서 損子하고 운이 北方에 들어서 水가 印(木)을 資(도우다)하여 興創하다. 寅艮土가 晦火하니 死矣.

丁　丁　乙　戊
未　巳　卯　子
└─────┘
　　木

辛庚己戊丁丙
酉申未午巳辰

楠曰　火氣重重産四陽
　　　再行木旺火難當
　　　柱中透土戊眞格
　　　保土存財入廟廊

풀이 : 丁巳日이 四陽의 달(大壯月)에 生하여 火氣가 바야흐로 치열한데 재차 卯未가 木局을 결성하여 생하니 火氣가 더욱 뜨겁다. 丁火는

그 성정이 泄하기를 좋아하는데 年干에 巳未의 土(戊)가 투출하니 火가 土를 보고 그 精英을 泄하게 된다. 秀氣는 土에 있다. 戊己 土는 卯月에 이르면 극도로 쇠약한데 다시 乙卯 결국의 木이 土를 破하면 土는 用神이 되어 剋土하는 木이 病이 되는 것을 두려워한다. 土가 적고 木이 많아서 그 病이 심중한 이유이다. 일찍이 戊午己未로 가니 쇠약한 土가 마땅히 土운으로 가는 것이요. 한번 庚申辛酉로 들어가니, 上下가 모두 金이어서 말끔히 木을 극했으니, 病根을 죄다 제거한 것이 된다. 地位가 대각(臺閣) 에 들어갔다. 亥운에 들어 木氣가 生을 얻어 病神이 다시 지으니 곧 死했다. 世上의 술사들이 殺印論으로도 보고 拱祿格으로도 보지만 모두가 호리만큼도 징험이 없다.

辛　壬　己　庚
亥　寅　丑　子

乙甲癸壬辛庚
未午巳辰卯寅

楠曰　丑月初旬水有餘
　　　日時類聚木神奇
　　　木衰最喜東方運
　　　一到金鄉便不宜

풀이 : 壬水日主가 12月 初旬에 生하여 水氣가 아직도 旺한데, 다시 年上 庚子를 더하여 水鄕을 갖추었다. 時上에 金水의 氣가 심히 왕해서 泄하기를 기뻐한다. 女人이 血氣旺盛하면 대부분 음설(淫:음탕할 음 媒:친

압할 설: 웃사람에게 버릇없이 가까이 함. 무람없이 굶, 더럽힐 설)을
좋아하는 것과 같다. 壬水는 寅亥라는 眞氣의 木을 바라보고, 壬은 그
精英을 泄한다. 貴한 것은 寅亥 木에 있는데, 四柱에 庚申金이 暗來하여
損木하는 것은 牛山之木의 類이다. 木神이 病을 받음이 심중하다. 大運이
卯에 들어가고 다시 丁卯유년을 만나서 乙未 得局하니 마치 마른 싹이
비를 얻어 우쩍 일어남과 같다. 中江西에서 壯元이 되고 壬辰癸 대운에
水가 枯木을 도우니 北京吏部에 文選司郎中으로 名顯天下했다. 巳運에
들어 庚金이 寅亥 衰木을 刑剋하니 遼東에서 옥에 갇혀 죽었다. 대저
가상관이 상관운에 발한 것이다. 術人들이 망녕되게 官印格으로 보지만,
그렇다면 丁卯年 卯운에 官星이 損傷되어 죽었어야 할 텐데 그렇지 않았다.
대저 격을 봄에 있어서는 月令을 불구하고 단지 動靜과 秀氣가 어디에
있는지를 보면 十中八九는 징험이 있다.

病
癸 乙 丙 甲
未 丑 寅 午

辛庚己戊丁
未午巳辰卯

楠曰 乙木生寅喜氣深
　　　通明木火耀光明
　　　日時癸未名爲病
　　　虛火南方出翰林

풀이 : 乙丑日이 寅月 上旬에 生하여 木이 어리지 않고 火 또한 쇠약하지 않다. 年月에 火가 투출하여 通明하고 時上에 木火神이 有氣하다. 丑 중의 미약한 癸水가 時上에 透出하여 火를 暗剋하니 癸水가 病이 된다. 運이 戊己로 가서 去病存火하고, 다시 南方으로 가서 쇠약한 火가 밝아지니, 지위가 方伯으로 뛰어 올랐다. 만약에 原局에 水가 없다면 다시 南方運 으로 가서 木氣를 洩하는 것이 두렵지만 此造는 原局에 水가 破火해서 火가 輕한 까닭이다. 南方으로 가서 火를 도와 일게 하니 貴木이 마땅하다. 운이 壬申에 入하여 破損虛火하니 死矣. 이 또한 假傷官이 傷官運으로 가서 많이 영현(榮顯)하고, 印運으로 가서 必死한 것이다.

辛　丁　丙　丁
亥　丑　午　酉

庚辛壬癸甲乙
子丑寅卯辰巳

楠曰　丁火炎炎日主强
　　　最宜財庫坐下藏
　　　酉丑金局多坐殺
　　　西方運裡姓名揚

풀이 : 丁丑日이 年月干에 火가 모이고, 支에 金局을 이루어 財가 官을 생하니 곧 貴가 支中에 藏在하여 有氣하다. 丁辛이 貴氣에 모이고, 日干에 짝하여(合), 財가 능히 殺을 生하니 利名이 현달(顯達)했다. 西方 財路로

가는 것을 기뻐하여 萬里에 비등(飛騰)하니 姓氏가 스스로 香氣롭고, 功名이 드날리고 壽는 無量하고, 위중권고(位重權高)하여 황방(皇邦)에 진동하고, 원앙유정(鴛鴦有情)하고 四子三女를 둔 복수쌍전(福壽双全)한 命造이다.

辛　壬　庚　丙
亥　子　子　寅

丙乙甲癸壬辛
午巳辰卯寅丑

楠曰　　壬水衆中氣有餘
　　　　歲時有木土南枝
　　　　木衰貴有庚辛病
　　　　運到東方大有餘

풀이 : 壬子日干이 子月에 生하여 亥에 長生하고, 庚辛이 貼助하니 身强하다. 壬水가 貴한 것은 精英이 秀氣하기 때문인데 어디에 泄할 것인가? 대저 寅亥 두 木이 一陽(子月:필자 注)을 바라보며 생기를 띠며 두 木이 類聚하고 有情해서 壬水가 木을 보고 그 精英을 泄하니 秀氣가 分明하게 木에 있다. 木이 衰한 것이 병이거늘 庚辛 浮金이 木을 극하려고 하나 庚辛은 動金이어서 地支의 靜木을 剋할 수가 없는 것이다. 한번 東方 寅卯辰巳의 운으로 들어가면 衰木이 이를 얻는 것은 거의 枯木이 逢春하는 것과 같다. 財와 富와 貴가 豊하고 또 厚하지 않으랴! 運이

巳에 들어가서는 巳中의 庚辛金이 損木하니 그 不利함을 추리할 수 있고, 午未辰에 들어가면 午 중 己土가 게다가(又且) 羊刃을 損하니 死의 理致가 가히 알만하다.

癸　戊　癸　乙
丑　子　未　巳

戊己庚辛壬
寅卯辰巳午

楠曰　戊臨未月土尤强
　　　最喜金成己丑方
　　　土厚見金多秀氣
　　　日嫌戕運火來戕　　戕:죽일장, 상할장

풀이 : 戊土가 未月에 生하여 土가 극히 旺하다. 그러나 辰戌丑未 四柱에 있어서 辰土는 財를 帶有하고 있어서 戊를 극하고(재생관, 관극신:편저자 注) 戌丑의 土는 金氣를 帶有하고 있어서 戊土가 泄하니 이 三土는 비록 旺하나 旺하지 않다. 그러므로 戊가 이 三位가 全하면 많이 稼穡格을 짓는데 中和를 잃지 않아야 하는 까닭은 未月이 火를 띠우고 있기 때문이다. 火를 보면 생하는 것은 土가 극왕(極旺)한 이유가 된다. 만약 土가 이 未月에 臨해서 四柱에 土를 거듭 보면 火炎土燥가 되어서 稼穡으로 볼 수가 없다. 다만 此月에 臨한 土가 金의 結局을 본 것은 貴하지 않으면 富하다. 書云, "土가 四季位를 만나서 金이 많음을 본다면 마침내 貴를

論한다." 此造는 早年에 午로 가서 오히려 否塞하니, 火가 金을 傷하는 까닭이다. 한번 辛巳 庚辰 두 운은 衰金이 比刼을 만나니 財物이 수천만민(數千萬緡)으로 발하고(緡낚시줄 민, 돈꿰미 민) 한번 寅運에 들어 甲辰年에 蝦蟆瘟으로 死했는데, 집안에는 씹을 것이 없었다.(家無噍類). 대저 火가 衰金을 剋하기 때문이다.

庚　壬　丁　乙
戌　午　亥　巳

壬癸甲乙丙
午未申酉戌

楠曰　壬癸亥月水難當
　　　財煞重重返受殃
　　　水旺亦宜微見土
　　　若敎土重火難當

풀이 : 壬水가 곧(雖) 亥月에 生하여 본디 水旺하다. 다만 四柱에 火土가 重重하고 年上의 巳가 亥祿을 沖하니 早年出家했다. 丙戌運에 極貧하니 火土가 厚하기 때문이다. 乙酉甲申癸운에 金水가 有氣하다. 原命이 상관을 지어 傲慢하거늘, 자못 위력으로써 복종시키고(威福), 몸을 덮고(衣体) 겨우 安身터니, 未운에 들어 火土가 太旺해서 損金하니 丁酉年 五月 火旺月에 死矣. 무릇 甲乙이 寅卯辰月에 나서 多金하고, 丙丁이 巳午未月에 나서 多水하고, 庚辛이 申酉戌月에 나서 多火하고 壬癸生이 亥子丑月에

나서 多土한 者는 非貧則夭하다. 그러나 한 점 剋神을 기뻐하고, 剋이
많으면 모두 不美한 것은 지극히 징험이 있다. 이것은 子平의 外見이지만
여러 번 的中하다.

辛　戊　己　戊
酉　午　未　申

乙甲癸壬辛庚
丑子亥戌酉申

楠曰　戊臨未月土重重
　　　燥土尤嫌火氣烘
　　　時歲喜看金吐秀
　　　運行西北志凌雲

풀이 : 戊未月은 火炎土燥之格이다. 대저 申酉時 金神이 透出하고 歲支
의 申宮에서 水가 破火하니 此命은 火로 病을 삼고, 水가 福이 된다.
水運이 壬에 들어가서는 壬이 火를 來剋하여 辛金을 放出하니 蟾宮에
절계(折桂)(과거합격)하는 이치가 스스로 그러하다. 뒤에 北方水運에
들면 尤美하다. 무릇 戊己土가 왕하여 금을 많이 본 자는 지극히 총명
秀氣하고 至淸至貴의 命이다.

辛　甲　甲　丙
未　戌　午　寅　　女命

己戊庚辛壬癸
丑子寅卯辰巳

楠曰 甲生午月火炎炎
　　剋制夫星本太嫌
　　運再東方生火氣
　　孤貧淫妬不堪言

풀이 : 甲이 午月에 生하여 辛金 官星을 損傷하고 모두 敗絶地에 臨하여 火氣가 더욱 치열하여져서, 辛金夫星의 氣는 더욱 弱해졌는데, 東方으로 가서 火가 치열해졌으니, 夫는 이미 損傷을 입고 子는 胚胎에 損矣. 一生이 孤貧하고 상간복상(桑間濮上:음란한 음악의 이름, 濮水가 있는 뽕나무 숲 사이에서 유행하였으므로 이름)의 恥를 가히 듣는구나! 틀림없이 無子하다. 壬辰 癸巳운에 衣食이 파요(破饒)하니 대저 壬癸水가 火를 破하여 夫를 存하게 하기 때문이다. 寅운에 들어 夫가 絶하니, 木이 재로 날려 죽다.

己 丁 己 己
酉 丑 巳 丑　　女命

甲癸壬辛庚
戌酉申未午

楠曰 丁逢己土食神多
　　泄損精神定奈何

信是孤貧應有數
子多無子豈差訛

풀이 : 丁火가 巳月에 生하니 본디 火의 分野이다. 四柱에 食神傷官이 太多하여 丁火의 精英을 泄弱해지면 이것은 母胎가 허모(虛耗)한 것이므로, 子가 의탁해서 生할 곳이 없음을 조금도(殊) 알지 못한다. 바로 子多無子라 이른다. 만약에 東方 甲乙운을 얻으면 木이 土를 剋去해서 子星을 存養하면 丁火의 生氣가 어쩌면(庶幾) 아직도(尙) 가히 生子할 수도 있을 것이다. 此造는 어찌하여 運이 西方金으로 들어가서 木氣가 없으며, 財多生弱하므로 一生이 孤苦하고 貧寒하며 無子하다. 戌운에 들어서는 하나의 土를 더해 더욱 精神을 泄하니 죽다.

『滴天髓』傷官論

傷官見官果難辨可見不可見
상관이 관성을 보는 것은 분변하기 과연 어려운 바 可見과 不可見이다.

任鐵樵의 주장
상관이란 것은 命主의 元神을 훔치는 것이니 벌써 善良이 아니다. 日干의 貴氣를 손상(損傷)해서 다시 종횡(縱橫)으로 방자(肆)하다. 그러나 善惡이 덧없고 오로지(但) 모름지기(須) 가어(駕御:말을 길들여 마음대로 부림, 轉하여 사람을 마음대로 부림)해서 英華가 밖으로 발하면 대체로 총명하다. 만약 見官의 可否를 알기 위해서는 모름지기 原局을 저울질해야 하는 바, 그 간의 作用이 가끔은 같지 않으니 하나로 잡고 논하기는 불가능하다. 傷官用印, 傷官用財, 傷官用劫, 傷官用傷, 傷官用官이 있다.

(1) 傷官用財

日主가 旺하고 傷官도 旺하면 마땅히 財를 쓴다. 比劫이 있으면 官을 봐도 좋고 比劫이 없고 印綬가 있으면 官을 보면 안 된다.

(2) 傷官用印

日主가 弱하고 傷官이 旺하면 마땅히 印을 쓴다. 官을 보는 것은 좋으나 財를 봐서는 안 된다.

(3) 傷官用劫

日主가 弱하고 傷官이 旺하고 印綬가 없으면 마땅히 比劫을 쓴다. 劫印을 좋아하고 財官을 꺼린다.

(4) 傷官用傷

日主가 旺하고 財官이 없으면 마땅히 傷官을 쓴다. 財傷을 기뻐하고 官印을 꺼린다.

(5) 傷官用官

日主가 旺하고 比劫이 많고 財와 傷官이 弱하면 官을 쓴다. 財官을 기뻐하고 傷印을 꺼린다.

이른바 "傷官見官爲禍百端(상관이 관성을 보면 災禍의 실마리가 백이 나 된다)"라는 것은 모두가 日主가 쇠약하고 比劫의 도움을 쓰는 터에 官星을 본다면 比劫이 剋을 입어서 禍가 생기는 까닭이다. 만약에 局中에

印이 있고 官을 보면 禍가 없을 뿐만아니라 福이 있다. 傷官用印에서 局內에 財가 없고 運이 印과 身의 旺地로 가면 顯貴하지 않는 것이 없고 運이 財와 傷官이 旺하는 곳으로 가면 貧賤하지 않은 것이 없다. 傷官用財에 있어서 財星이 得氣하고 運이 財와 傷官이 왕한 운을 만나면 富厚하지 않는 것이 없고 運이 印旺刦旺을 만나면 빈핍(貧乏)하지 않는 것이 없다. 傷官用刦에 있어서 印旺運을 만나면 必貴하고 傷官用官에서 財旺運을 만나면 必富하고 傷官用傷에 있어서 財地로 가면 富하고 貴한다. 用印用財는 官에 높고 낮음이 있는 데 지나지 않고 財가 厚하고 박(薄)함으로 나누임이 있는 데 불과하다. 마땅히 자세하게 추리하라.

(1) 傷官用財

乙	丁	戊	丙
巳	卯	戌	申
傷	印	傷	傷
刦		比	官
財		才	才

甲	癸	壬	辛	庚	己
辰	卯	寅	丑	子	亥

이 命은 火土傷官格이다. 刦印이 중첩하니 身旺함을 알 수 있다. 申金 財星으로 用神을 삼는다. 따라서 遺業이 본디 豊하다. 辛丑壬운에 재산을 모아 發財十餘萬이다. 寅運에 이르러 金이 絶地에 임하고 刦財가 生長을 만나고, 寅申이 沖破하니 이른바 旺者沖衰衰者拔이다. 不祿이 마땅하다.

(2) 傷官用印

己　丙　辛　己
丑　寅　未　丑
　　長生

乙 丙 丁 戊 己 庚
丑 寅 卯 辰 巳 午

火土傷官이 중첩했지만 다행하게 季夏에 있으니 火氣가 남아 있고
日坐에 長生하고, 寅中의 甲木을 用神으로 하니, 丁卯운에 이르러 剋去辛
金하고 丑土를 破하니, 이른바 有病得藥이다. 높은 벼슬에 처하다.

(3) 傷官用刼

　劫　　　　傷　　才
己　戊　辛　癸
未　申　酉　亥

乙 丙 丁 戊 己 庚
卯 辰 巳 午 未 申

이 造는 土金傷官格이다. 財星이 太重한데 다행히 未時를 얻어 刼財가
通根했다. 未가 用神이다. 丁巳丙辰 운에 印旺用事하니 벼슬이 州牧에
이르렀다. 乙卯운에 충극하여 不靜하니 파직귀전(罷職歸田)하다.

(4) 傷官用傷

```
庚 壬 己 庚
子 辰 卯 辰
```

```
乙 甲 癸 壬 辛 庚
酉 申 未 午 巳 辰
```

壬水가 卯月에 生하니 정확하게 水木傷官格이다. 天干己土가 절지인 두 辰에 臨하니 곧 木의 餘氣이다. 一은 金을 生하고 一은 水를 껴안으며, 또 두 庚이 투출하니, 辰土가 水를 制할 수 없을 뿐만 아니라 도리어 金을 生하여 水를 도우니 반드시 木으로 用神을 삼는다.

(5) 傷官用官

```
乙 戊 己 壬
卯 戌 酉 戌
```

```
乙 甲 癸 壬 辛 庚
卯 寅 丑 子 亥 戌
```

이는 土金傷官格이다. 地支에 두 戌이 燥하고 厚하며 묘하게 年干 壬水가 潤土泄金해서 木을 生하니 족히 官을 쓴다. 亥運에 財官이 모두 生扶를 얻으니 功名이 순조롭고, 壬子에 일찍이 仕路의 뜻을 이루고

癸丑에 支가 金局을 껴안으니 服制가 거듭 있고, 甲寅乙卯에 벼슬이
時郞에 이르다.

三命通會食神論

食神이란 日干이 生하는 것을 순서대로 세어서 제 3위이다. 곧 甲食丙,
乙食丁의 예이다. 甲은 丙을 生하여 氣를 泄하고, 丙이 生하는 戊는 甲의
偏財가 된다. 偏財라는 것은 天이 내린 祿으로 자연스러운 財이며 자신의
心力을 수고롭히지 않고 누리게 되는 복록이다. 甲丙은 父子의 道가
있는데, 子(丙)가 旺相해서 財祿(戊)을 낳아 그 父母를 奉養한다. 어찌
安享하지 않겠는가?

또 甲이 庚을 보면 煞이 되는데 다시 戊를 보면 財가 된다. 食神인
丙火가 庚煞을 능이 制伏해서 庚이 甲木을 損傷시킬 수 없게 하고, 능히
戊財를 생하니 甲木이 戊財를 쓸 수 있게 한다. 무릇 命이 財煞운을
만나면 食神이 旺相해서 煞이 식신의 制伏을 당하고, 감히 禍가 되지
못하고, 財는 食神의 生하는 바가 되어 充裕하여 다하지 않는다. 그러므로,
食神을 一名 壽星, 또 작성(爵星)이라고 하는 것은 충분한 까닭이 있다.(良
有以也)

이 格은 日主와 食神이 모두 生旺하고 沖破가 없으면 財厚하고, 食丰(어여쁠 봉, 우거질 봉)하고, 福量이 寬弘하고, 몸은 肥大하고, 優游自足하며 子息 있고, 壽考한다. 四柱에서 食神이 歲와 月에 있으면 祖父의 蔭業이 丰隆하고, 日이나 時에 있으면 夫婦가 獲福하고, 母(甲)와 子(丙)가 모두 쇠절하면 둘 다 이루지 못한다. 그러므로 經云, "食神은 마땅히 生旺해야 하고 食神이 衰하고 絶하면 안 된다." 又云, "食神이 生旺하면 財官보다 낫다"가 이것이다. 食神은 偏印이 倒食하는 것을 大忌한다. 대체로 사람됨이 有始無終하고 용모가 의사(欹邪)하며 몸이 瑣小하고, 心性이 국축(局促)하고, 근심이 많고 이루는 것이 없다. 예컨대, 甲이 丙을 보면 식신이 되는데 柱中에 壬이 있으면 甲木이 偏印이 되는데, 丙火를 剋制하여 戊土를 生할 수 없게 하고, 庚金을 制伏할 수 없게 하여 甲木으로 하여금 退財의 制를 받게 하니 어찌 군색하지 않겠는가?

2. 變格

이 책의 서술은 正格부터 다루고 있지만 看命에 임해서 格局을 살필 때에는 반드시 이 變格부터 살피는 것이 좋다. 원칙보다 예외를 먼저 아는 것이 命理研究에 도움이 되기 때문이다.

대저 看命의 순서는 먼저 煞의 유무를 본 뒤, 만약 煞이 있으면 오직 煞을 논할 것이며(有煞只論煞 無煞方論用), 煞이 없을 경우에는 그 다음으로 變格의 여부를 살피고 變格이 아닐 경우에 비로소 다른 格局을 살피는 것이 看命의 첩경이 되니 이 점 독자는 명심하기 바란다.

이미 우리는 偏官格을 논하는 곳에서 從煞格에 대한 先哲의 해석을 살펴 본 바가 있다. 생각건대 그 이론들은 다만 從煞格에만 그치는 원리가

아니라 다른 從格은 물론 어떤 의미에서는 變格 전반을 포섭하는 원리일
수도 있다. 이와 유사한 이론들이 앞으로 月支正財格에 부수하여 棄命從財
格을 논할 때에 다시 음미할 기회가 있을 것이지만 독자는 우선 전술한
從煞格의 원리에 대한 이론들을 다시 한 번 살핀 뒤에 이 變格의 해설을
공부하는 것이 이해하는 데 도움이 될 것으로 생각한다.

格＼日干	甲	乙	丙	丁	戊	己	庚	辛	壬	癸
從化	己	庚	辛	壬	癸	甲	乙	丙	丁	戊
從印	水		木		火		土		金	
從殺	金		水		木		火		土	
從財	火土		土金		金水		水木		木火	
從兒	火		土		金		水		木	
專旺	曲直		炎上		稼穡		從革		潤下	
類象										

1) 從化格

吉:化格生扶地
凶:化格剋地,化格泄地(다만 太旺時에는 무방하나 극소수)

楠曰, 從化格에 대하여 書에서 이르기를 "化하고 從하면 功名이 顯達할
것이다."라고 하였다. 그러나 六陰 日主가 身弱하면 많이 從化하니 富貴한
다. 乙日干이 庚辰時나 혹은 巳酉丑 혹은 辰戌丑未 四字가 많으면 또한
乙庚化金이 되는 것으로 본다. 西方으로 가면 富貴할 것이 의심 없고 한번
丙丁運을 보면 破金해서 죽을 것이다. 下文의 例를 보라. 六陽日은 從化할

수가 없다. 格解云, "十干化合論과 淵海子平十段錦을 마땅히 參考하라."

賦云, "古人이 造를 論함에 있어서 먼저 從化가 이루어지지 않으면 바야흐로 財官을 論하고, 財官을 取할 수가 없으면 바야흐로 格局을 논한다. 만약 從化가 局을 이루면 富貴를 갖춘다."

甲己化土는 土를 從하고, 乙庚化金은 金을 從하고, 戊癸合火는 火를 從하고, 丁壬化木은 木을 從하고 丙辛化水는 水를 從한다.

滴天髓云하되 眞從之家有幾人고 假從亦可發其身이며 假化之人亦多貴에 異姓孤兒能出類니라.

龍을 만나 化하면(逢龍得化) 飛龍在天利見大人이니라.

四言獨步云, "十干化氣 有影無形, 無中無去. 禍福難憑."

元理賦云, 化格이 안되고 從格도 안되면 仕路에 오래 머물러도 승진이 안 되고, 得化 得從하면 功名이 顯達하다. 化格이 祿旺을 이루면 生하고 化格이 祿絶을 이루면 死한다. 이 말은 化合格 연구에 참고할 만하다.

補曰, 化格을 이루면 本局에 祿旺해야 發하며, 例컨대 丁壬化木이면 月令에서 木旺해야 되고, 東南方운을 기뻐하여 貴할 것이니 餘皆倣此. 火格이 祿馬의 쇠절향을 가장 꺼리는 바, 例컨대 戊癸合火가 水鄕運으로 行하는 것이요, 丁壬化木이 金鄕으로 行함이 그 것이니 경하면 파직(罷職), 중하면 목숨을 잃는다.

戊　癸　丁　癸 （合）

午　酉　巳　巳

壬　癸　甲　乙　丙

子　丑　寅　卯　辰

이 四柱는 『命理正宗』에 나온다. 癸水가 巳月에 생하여 巳午가 비록 半會金局하여 癸水를 생하나 午가 酉를 跛하고 戊癸가 합하니 化格이 된다. 化格이 得令하였으니 格局이 아름답다. 다만 年干 癸水가 病神이니 早年困苦의 상이요. 甲乙寅卯運에 이르러 癸水를 引化하여 化格을 생하니 忌化爲喜이다.

* 論化之格: 化之眞者 名功巨卿

$$戊 \quad 癸 \quad 癸 \quad 癸$$
$$午 \quad 亥 \quad 亥 \quad 亥$$

이 四柱도 命理正宗에 나와 있다. 張楠은 戊癸化格이 亥月에 생하여서 得令치 못하였기 때문에 貧乏한 命으로 해석하고 있으나 이 四柱가 어떻게 化格이 되는지 編著者는 알지 못 한다. 水의 類象으로 보아야 마땅하다. 男命이라면 甲乙丙丁運이 아름답다.

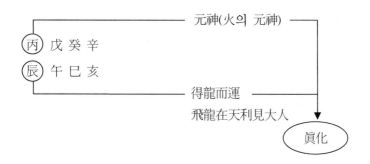

楠曰 戊逢癸水火神高
　　　巳午根通火局牢
　　　亥巳本來爲我病

東方木火顯英豪

戊가 癸水를 만나 火神이 높은데
巳午에 通根하니 火牢일세.
亥巳는 본래 나의 病인데
東方木火에 英豪가 뚜렷하겠네.

戊午가 巳月에 생하여 아래로 火局과 통하고 癸水가 貼身하여 戊가
癸를 좇아 火를 씀이 有情하다. 또 丙辰이 투출하니 火를 쓰는 데 의심할
바 없다. 다시 亥中에 壬을 얻어 조금은 火를 破하고 있으니 病이 여기에
있다. 이것은 火가 부족한 象이다. 運이 東方으로 감에 거듭 黃甲에 오르고
副使에 이르렀다. 대저 煞이 왕하여 슬그머니 丙火를 생해 주기 때문이다.
原局에 煞(亥中甲木)이 庚金(巳中庚金)에게 被剋되고 있어 煞印이 衰한
것이 病이다. 그러므로 東方의 煞印運에 둘(煞과 印)이 나타나므로 귀히
된 것이다. 火가, 運이 子에 들어 子가 午中의 丁火를 衝破하여 죽다.
破格 破印이 분명하다. 만약 柱中에 水火가 많지 않으면 北方이 두렵지
않는 것은 原局이 水를 이미 띠고 있기 때문이다.

2) 從印格

吉:日主比刦(强格泄地)
凶:日主剋地, 强格剋地

日柱가 孤單한데 周圍가 온통 印綬여서 日柱가 印綬를 따라가는 격국이

다. 從印格이란 호칭은 編著者의 作이다. 이른바 '母旺子孤'의 경우이다. 말하자면 치맛바람이 너무 심하여 아들이 어머니를 따라 여성화 되는 이치라고나 할까.

甲 丁 甲 癸
辰 卯 寅 卯

戊己庚辛壬癸
申酉戌亥子丑

丁火가 寅中 丙火에 通根하고 있으나 寅卯辰이 方을 이루고 두 甲木이 투출하고 辰中 癸水가 투출하여 印綬(木)를 생하니 全局이 印綬(木)인지라 부득이 印綬(木)를 따라간다. 日柱를 剋하거나 財星으로 印綬를 破하면 大凶하고 다만 印綬의 洩地(身旺地)가 좋고(旺氣를 泄하기 때문이다.) 印綬地는 平吉하다.

3) 從殺格

吉:從殺格泄地
凶:從殺格剋地

乙　　乙　　辛　　辛
酉　　酉　　丑　　巳
煞　　煞　　財煞印　財傷官

乙丙丁戊己庚
未申酉戌亥子

乙木이 季冬에 생하여 地支에 金局이 온전하고 天干에 두 辛이 투출하였으니 從煞이 된다. 戊戌運에 甲第에 오르고 翰苑에 몸을 두었다. 丁酉丙申의 火는 다리가 부러지고(地支에 火가 없어졌다.) 金이 得地하니 仕版(벼슬아치의 명부)에 연달아 오르고 乙未運에 金局을 破하고 木이 蟠根했으니 不祿이다.

丙　庚　壬　丁
戌　午　寅　卯
印官刦　印官　印煞財　財
丙丁戊己庚辛
申酉戌亥子丑

庚이 寅月에 생하여 地支에 火局이 완전하고 財가 煞을 생하여 煞旺하니 生扶之意가 一毫도 絶無하다. 月幹 壬水가 丁壬이 합하여 化木하고 또 火勢를 좇으니 모두가 煞의 무리를 이루었다. 從象이 참됨이로다.

* 종살이란, 도적을 물리칠 수가 없으면 도적과 타협하는(도적이 하자는 대로 따라가는) 것이 바람직 한 것과 같은 이치이다.

4) 從財格

吉:從財格泄地
凶:日主生扶地

戊　庚　壬　壬
寅　寅　寅　寅
寅煞財　寅煞財　寅煞財　寅煞財

戊丁丙乙甲癸
申未午巳辰卯

庚金이 孟春에 생하여 四支가 모두 寅이다. 戊土가 비록 살았으나 죽은 것과 같다. 壬과 癸가 年月에 투출하여 庚金을 引通하고 嫩木을 生扶하니 從財한다. 역시 秀氣가 流行함이로다. 다시 運이 東南으로 달려 어그러지지 아니하니 木이 또한 그 敷榮(꽃핌)함을 얻었도다. 그러므로 일찍 甲第에 오르고 벼슬이 黃堂에 이르렀다.

乙　壬　庚　丙
巳　午　寅　寅
財煞印　官財　煞財食　煞財食

丙乙甲癸壬辛
申未午巳辰卯

壬水가 孟春에 생하여 春木이 當令하니(때를 얻음) 火가 살판(生)을 만났다. 한 점 庚金이 絶地에 臨하고 丙火가 힘이 능히 그것을 단련하니 從財格이 진정하다. 水生木하고 木生火하여 秀氣가 流行하니 登科發甲하고 벼슬이 侍郎에 이르렀다.

5) 從兒格

吉:日主旺地.
凶:從兒格剋地

丙	乙	丙	戊
戌	未	辰	戌
財食煞	食財比	印財比	財食煞

壬辛庚己戊丁
戌酉申未午巳

乙木이 季春에 생하여 未에 蟠根하고 餘氣가 辰에 있다. 財多身弱과 흡사하다. 그러나 四柱가 모두 財이니 그 勢는 從한다. 春土가 氣虛하거늘 丙火를 얻어 그것을 實하게 한다. 또 火는 곧 木氣의 秀氣이고 土는 火의 秀氣인데 三者(火木土)가 완전하고 金으로써 그것을 泄함이 없고 水로써 그것을 쓰러지게 함이 없고 다시 運이 南方 火地로 달려 秀氣가 流行함을 기뻐한다. 그러므로 丹墀(붉은 칠을 한 궁전의 址臺. 轉하여 궁전. 대궐. 丹陛.)에 오르고…

6) 專旺格

(1) 曲直格(曲直仁壽格)

楠曰, 曲直仁壽格이란 甲日主가 地支에 寅卯卯痕이 갖추어져서 東方仁壽之氣를 얻은 것을 말한다. 그러므로 仁壽라고도 한다. 此格은 루험(屢驗)이 있다.

庚申辛酉가 沖破함을 크게 두려워한다. 東方의 秀氣는 곧 天이 찍은 貴이니 八字가 淸純하다. 此格이 寅卯辰이 太多함을 두려워 않고, 壬癸生木之類가 太多함도 두려워 않으며 단지 申酉庚辛이 破格하는 것을 나는 보았다. 단지 寅卯辰 三字가 완전해야 바로 이 격을 지으니, 申酉一字가 破하면 不吉하다.

格解云, 此格은 甲乙 日干이 地支에 寅卯辰이나 亥卯未가 온전하고 반분이라도 庚辛之氣가 없을 것을 요한다. 行運은 東北方을 기뻐하고 西方운과 刑沖을 두려워한다.

```
丙  乙  丁  甲
子  未  卯  寅
癸壬辛庚己戊
酉申未午巳辰
```

詩曰 甲乙生人寅卯辰
又名仁壽兩堪評
亥卯未全嫌自市
若逢坎位必身榮

碧淵賦云, 亥卯未가 甲乙에 만나면 富貴가 無疑하며 又曰, 木이 寅卯月 辰方에 온전하면 功名이 自有하다.

戊　甲　癸　壬
辰　子　卯　寅

戊丁丙乙甲
申未午巳辰

楠曰　甲木生臨寅卯辰
　　　木全類相喜全仁
　　　時逢財庫爲休倚
　　　南逢傷財大異人

甲木이 卯月에 生하여 木神이 순수하다. 地支에 東方 一片으로 수기함을 표방하고 다시 戊財가 투출하여 생왕하니 時上의 偏財를 쓰게 되니 참으로 좋다. 施捨恤孤하는 格이 분명하다. 어떤 命이 甲申 日干이었는데 도리어 貧했으니 대저 申金이 東方秀氣를 破하는 것을 모르는 자는 이 命이 美命이라 하지만 이 格을 모르기 때문이니, 上記 命에서도 申운에 들어 死하니 破木이 分明하다.

(2) 炎上格

楠曰, 炎上格이란 丙丁이 寅卯月에 生하여 寅午戌이 온전하면 虛火가 有焰한 것을 말한다. 水가 격국을 破하는 것은 두려워하고 또한 火氣가 太炎하면 火가 不虛해서(火不虛矣) 두렵다. 金水가 火를 破하고 木을

破함이 두렵다. 이 格은 거의 징험하다.

甲 丙 辛 乙
午 午 巳 未

乙丙丁戊己庚
亥子丑寅卯辰

詩曰 夏火炎天焰焰高 無水方知是顯豪
運行木地方成器 一擧崢嶸奪錦袍

여름 불이 염천에 불꽃이 높으니
물이 없으면 뛰어난 호걸인 줄 알겠다.
運이 木地로 가면 곧 그릇을 이루나니
一擧에 다투어 錦袍를 앗는구나.

碧淵賦云, 寅午戌이 丙丁에서 만나면 영화스러운 날이 있고, 火가 巳午未의 지역에 임하면 顯達한 사람이라고 또 말했다.

(3) 潤下格

格解云, 이것은 壬癸日이 申子辰이 구전하거나 亥子丑이 온전하면 潤下格이다. 辰戌丑未 官鄕을 꺼리고 西方運을 기뻐하며 東南運이 부당하다. 沖剋을 두려워하니 歲運도 같다.

詩曰, 天干 壬癸가 冬에 臨하고 申子辰會局을 기뻐한다. 혹은 亥子丑으로 온전히 돌아가면 等閑한 平步로 靑雲에 오른다.

碧淵賦云, 壬癸가 申子辰으로 格을 얻으면 福優才足하다. 又云, 물이 亥子丑의 근원으로 돌아가면 榮華之客이다.

辛 壬 庚 庚
亥 申 辰 子

(4) 從革格

格解云, 庚辛日이 巳酉丑이 온전하거나 申酉戌이 온전하면 이 격이 된다. 南方운을 忌하고 庚辛旺운에 吉하다.

詩曰,

金居從革貴人欽 造化淸高福祿深
四柱火來相混雜 空門藝術謾經綸

金이 종혁을 이루면 귀인격이니 조화가 청고하고 복록이 깊다.
四柱에 火가 서로 섞이면 空門(승려)이나 예술방면에 그친다.

碧淵賦云, 庚辛이 巳酉丑을 이루면 位重權高하다. 又云, 申酉戌이 전비하면 富貴가 이지러지지 않는다.

戊 庚 乙 庚
申 戌 酉 申

(5) 稼穡格

楠曰, 稼穡格이라고 하는 것은 戊己日이 辰戌丑未 및 巳午未字를 많이 보고 四柱에 官殺이 없으면 이루어진다. 그러나 丑辰戌月에 四柱가 순토이고 木의 극이 없으면 이 격이 되니 운은 남방 火土를 기뻐하고, 西方 制木의 운을 좋아해서, 富貴한다. 木운이 극하면 稼穡을 破해서 必死한다. 그 妙를 누차 징험했다. 戊己 日干이 未月에 생하여 火土가 太旺하면 이 格에 들지 않으나, 辰戌丑月은 土가 약하니 곧 이 격을 이룰 수 있다.

格解云, 이 격은 日干 戊己가 地支에 辰戌丑未가 全하고 木의 극제가 없고 水가 있어 取用되어야 비로소 이 격을 이룬다. 운은 西南을 기뻐하고 東北을 꺼린다.

```
癸 戊 己 戊
丑 辰 未 戌
```

```
甲癸壬辛庚
子亥戌酉申
```

詩曰 戊己生居四季中(무기생거사계중)
　　　戊辰丑未要全逢(술진축미요전봉)　　嫌:싫어할혐,
　　　喜逢財地嫌官殺(희봉재지혐관살)　　　의심할혐.
　　　運到東方定有凶(운도동방정유흉)

무기가 사계 중에 거하면
진술축미가 완전함을 요한다.
재지를 만나기를 기뻐하고 관살을 꺼리니

운이 동방에 이르러서는 흉한 것이 정해져 있네.

一說　東方官運 北方財運俱忌(구기)　故曰, 嫌之東北更忌刑沖
　　　碧淵賦云, 戊己屬全四季榮冠諸曾

戊 己 癸 壬
辰 丑 丑 午

楠曰 乙臨土月土重重
　　寒土堪全稼穡功
　　有木微微夾作病
　　運行金運主財豊

乙이 土月에 臨하여 土가 重重한데
寒土가 稼穡의 功을 맡았도다.
微微한 木이 病을 끼고 있는데
運이 金運으로 行함에 主로 財豊하도다.

3. 雜 格

대체로 여기 雜格에 속하는 것들은 술사가 부질없이 붓끝으로 희롱한 것에 지나지 않는다는 혐의가 짙다. 따라서 本稿에서는 그 중 한두 가지만 다루기로 한다.

1) 四位純全格

○ 子午卯酉 純全 : 好酒色, 男子는 大吉한자도 있으나, 女子는 끝내 孤獨

○ 寅申巳亥 純全 : 男子는 大富大貴가 있으나 女子는 奔走四方, 住居不定

○ 辰戌丑未 純全 : 男子는 大格, 女子는 好色

2) 一氣生成格

甲甲甲甲	乙乙乙乙	丙丙丙丙	丁丁丁丁
戌戌戌戌	酉酉酉酉	申申申申	未未未未

戊戊戊戊	己己己己	庚庚庚庚	辛辛辛辛
午午午午	巳巳巳巳	辰辰辰辰	卯卯卯卯

壬壬壬壬	癸癸癸癸
寅寅寅寅	亥亥亥亥

但 四甲戌 四辛卯는 大格이 못되는 者도 있다.

* 看命을 함에 있어서는 用神을 파악하는 것이 관건이다. 用神이란 상술한 바와 같이 사주에서 가장 요긴한 天干 地支를 말한다. 用神을 정하는 법은 처처에서 논하었거니와 요약하면 다음과 같다. 官星과 傷官이 병립하면 財星을 用神으로 한다. 財星과 印綬가 교차하면 官殺을 用神으로 한다. 財星이 刦財나 陽刃을 만나면 食神이며 傷官으로 用神을 삼는다.

偏印이 食神을 탈취하면 比肩과 刦財가 用神이 된다. 위의 格局論은
결국 用神을 찾기 위한 방법에 불과하다.

參考文獻

徐升, 『淵海子平』, 揚淙 增校, 臺北: 瑞成書局, 1966.

張楠, 『神峰闢謬命理正宗』臺北: 僑聯東方圖書公司, 1965.

劉伯溫, 『滴天髓闡微』, 任鐵樵 增註, 臺北: 五洲出版社, 1969.

저자미상, 『窮通寶鑑』, 臺北: 瑞成書局, 1966.

萬民英, 『三命通會』, 鄭州: 中州古籍出版社, 1994.

石牛 編, 『術數全書』, 鄭州: 中州古籍出版社, 1994.

謝松齡, 『天人象』, 山東: 山東文藝出版社, 1997.

『四庫全書總目提要』, 山東: 海南出版社, 1999.

『四庫全書總目提要補正』, 上海: 上海書店出版社, 1998.

洪丕謨 等著, 文在坤 譯, 『中國古代算命術』서울: 예문지, 1993.

妙摩 慧度, 『中國算命術』, 北京: 中國文聯出版公司, 1996.

玄公廉, 『天機大要』, 京城: 京城大昌書院.

朱熹『朱子全書』, 上海古籍出版社, 2002.

• 저자 약력

경북 예천 출생 / 예명 汝同
예천농고 졸업, 고교 재학 중 제10회 보통고시 합격
　　고려대학교 법과대학 법학과 졸업
　　영남대학교 대학원 문학석사 학위 철학박사 학위 취득
1급 국가공무원 정년
영남대학교 대학원 철학과, 동 환경보건대학원, 동 평생교육원, 대구가톨릭대학교
철학과, 사단법인 담수회 등에서 철학 강의
　　대구한의대학교 사회교육원 객원교수(전) 대구향교 명륜대학 교수(전)
『隨筆公苑』 추천 완료
　　한국문인협회 주관, 문화공보부 문예진흥원 서울특별시 예총 후원,
　　한강축제 문학작품공모 수필부문(최우수작 1, 우수작 2, 가작 5)
　　최우수작 당선. 수상작 「한강은 알고 있다」
『문학세계』 신인문학상 詩 당선
한국주역학회 회원 한국문인협회 회원 국제펜클럽 한국본부 회원(전)

저서 『周易反正』『周易解釋의 네 가지 原理』『陰陽五行命理學』
　　『누가 운명을 부인하는가』
논문 「丁茶山 易學에 있어서 易理四法에 대한 硏究」
　　「周易의 卦에 대한 硏究」등
수필집 『까치밥』『매화』『겁탈』『다산의 여자』『퇴계의 여자』
　　『바람이 많이 불던 날』(선집)
시집 『뾰루지』

누가 운명을 부인하는가

초판 인쇄 2014년   9월   29일
초판 발행 2014년 10월   5일

편   저 | 박주병
펴 낸 이 | 하운근
펴 낸 곳 | 學古房

주   소 | 서울시 은평구 대조동 213-5 우편번호 122-843
전   화 | (02)353-9907 편집부(02)353-9908
팩   스 | (02)386-8308
홈페이지 | http://hakgobang.co.kr/
전자우편 | hakgobang@naver.com, hakgobang@chol.com
등록번호 | 제311-1994-000001호

ISBN   978-89-6071-441-0 93150

값 : 12,000원